Kauderwelsch
Band 186

Impressum

Jens Sobisch
Fränkisch – das Deutsch der Franken
erschienen im
REISE KNOW-HOW Verlag Peter Rump GmbH
Osnabrücker Str. 79, D-33649 Bielefeld
info@reise-know-how.de

6. verbesserte Auflage 2015

Bearbeitung & Layout Elfi H. M. Gilissen
Layout-Konzept Günter Pawlak, FaktorZwo! Bielefeld
Umschlag Peter Rump (Titelfoto: Werner Hilpert@Fotolia.com)
Kartografie Thomas Buri
Fotos Jens Sobisch
Druck und Bindung Werbedruck GmbH Horst Schreckhase, Spangenberg

ISBN 978-3-8317-6451-8
Printed in Germany

Dieses Buch ist erhältlich in jeder Buchhandlung Deutschlands, Österreichs, der Schweiz und der Benelux-Staaten. Bitte informieren Sie Ihren Buchhändler über folgende Bezugsadressen:
Deutschland Prolit GmbH, Postfach 9, 35461 Fernwald (Annerod) sowie alle Barsortimente
Schweiz AVA-buch 2000, Postfach 27, CH-8910 Affoltern
Österreich Mohr Morawa Buchvertrieb GmbH, Sulzengasse 2, A-1230 Wien
Belgien & Niederlande Willems Adventure, www.willemsadventure.nl
direkt Wer im Buchhandel kein Glück hat, bekommt unsere Bücher zuzüglich Porto- und Verpackungskosten auch direkt über unseren Internet-Shop: **www.reise-know-how.de.**
Zu diesem Buch ist ein **Tonträger** als **MP3-Download** unter **www.reise-know-how.de** erhältlich oder auf **Audio-CD** in jeder Buchhandlung Deutschlands, Österreichs, der Schweiz und der Benelux-Staaten.

Kauderwelsch

Jens Sobisch

Fränkisch

das Deutsch der Franken

Die Manie des Franken
ist die Depression des Rheinländers!

(Armin Schmidtke,
nach Franken zugezogener
Psychotherapeut und Nervenarzt)

REISE KNOW-HOW
im Internet
www.reise-know-how.de
info@reise-know-how.de

Für Smartphone-Benutzer
(QR-Code mit einer App scannen)

Hörbeispiele & weitere Infos!

Wer kein Smartphone hat, kann diesen Service auch auf unserer Webseite nutzen:
www.reise-know-how.de/kauderwelsch/186

Kauderwelsch-Dialektführer sind anders!

Warum? Weil sie die Zugereisten – egal ob touristisch oder beruflich – in die Lage versetzen, das Kauderwelsch der alteingesessenen Bewohner vor Ort mit all seinen fremdartig und zuweilen lustig klingenden Lauten und Ausdrücken wirklich zu verstehen, und sich gekonnt in die **Lebensart, das Lebensgefühl, die Lebensphilosophie** der Menschen vor Ort einzufühlen. Denn ein Dialekt ist nie nur eine andere Art zu sprechen, sondern der Spiegel einer anderen Art zu denken, fühlen, genießen, leben und lieben.

Wir verzichten daher auf langatmige sprachwissenschaftliche Abhandlungen über die Herkunft des Dialektes und kommen nach den **grundlegenden lautlichen und grammatikalischen Unterschieden** gleich zu dem, was Alteingesessene auf der Straße und zu Hause sprechen. So wird es ein Leichtes, dem Charme des trockenen Humors und der bildreichen Sprache der deutschen Dialekte und Mundarten zu erliegen.

Die **Autorinnen und Autoren** werden Sie immer wieder zum Schmunzeln bringen und gekonnt Mentalität und Lebensgefühl des jeweiligen Sprachraumes vermitteln. Es erwarten Sie sprachliche Leckerbissen, gespickt mit **umgangssprachlichen Floskeln, Redewendungen und lockeren Sprüchen,** die den Mutterwitz der Bewohner charakterisieren.

Glücklicherweise gibt es noch Menschen – Alt und Jung, Zugereiste oder Alteingesessene –, die das **Hochdeutsche** mit Liebe links liegen lassen und Ihnen mit einer gehörigen Portion Dialekt einige Rätsel aufgeben. Das gilt natürlich auch für das nachbarliche **Wienerisch** oder **Schweizerdeutsch.**

Und weil's so schön ist, erfreut sich manch ein Dialekt auch weit über die eigentlichen Sprachgrenzen hinaus großer Beliebtheit wie z. B. **Kölsch** – die Sprache der Domstadt am Rhein –, oder **Berlinerisch** – die Sprache der neuen, alten Hauptstadt, oder **Sächsisch,** was nach der Wende besonders oft scherzhaft nachgeahmt wurde.

Inhalt

Allerhand Einleitendes

Franken im Gespräch

Nützliches im Anhang

Vorwort

Für viele Menschen, den Verfasser dieser Zeilen eingeschlossen, ist die Mundart die erste und eigentliche Muttersprache. Sie zeigen in ihrem jeweiligen Dialekt eine höhere Sprachgewandtheit und Ausdrucksstärke als im Hochdeutschen. Daher: **Ä baar Dagde under uns gsachd! In unnerm schönne Frangnland gibds ja wahrscheinds dausende Dialegde, gwasi in jede Urdschafd wenichsdns enn. Desderwechn hömmer väsüchd, so aweng a Frangn-Esberando ozurührn, dess mer in di Gechnd zwüscher Bamberch un Wördsburch (Mee-Frangn), ob ba aa in di Rhüa, im Nürmbercher „Schargoh" un aa nooch im Öba- un Middelfrängische verschdett.** Und nun die Übersetzung für Nicht-Franken: Vorbemerkung: In unserem schönen Franken gibt es vermutlich tausende Dialekte, in jedem Ort wohl mindestens einen. Daher haben wir versucht, ein Franken-Esperanto „anzurühren", welches man sowohl zwischen Bamberg und Würzburg (Mainfranken) als auch in der Rhön und im Ober- und Mittelfränkischen (einschließlich Nürnberg und Umgebung) verstanden wird.

Jedzad åwer viel Freid beim Lese!
Nun viel Spaß beim Lesen!

Euer Jens Sobisch

Ä baar Dagde vorab

Einer konsequenten, einigermaßen lautgetreuen Schreibweise zuliebe folgen die in diesem Bändchen aufgeführten Begriffe folgenden besonderen Ausspracheregeln:

Hören Sie sich Ausprachebeispiele mit Ihrem Smartphone an! Ausgewählte Kapitel in diesem Buch sind dafür mit einem QR-Code ausgestattet. Wer kein Smartphone hat, kann sich die Sätze auch auf unserer Webseite anhören: www.reise-know-how.de/kauderwelsch/186

Mitlaute (Konsonanten) werden, anders als im Hochdeutschen, so geschrieben wie wir sie sprechen: **Schdern** statt „Stern“, **schdriggn** statt „stricken“. Die Länge eines Selbstlautes (Vokals) wird durch seine Verdoppelung hervorgehoben. Ein kurzer Selbstlaut wird dadurch kenntlich gemacht, dass ihm zwei Mitlaute folgen: **hadd** statt „hat“, **Schbriddse** statt „Spritze“, **Schliidn** statt „Schlitten“ oder auch **Wadder** (ufr.) / **Weeda** (mfr.) / **Wedder** (ofr.) statt „Wetter“.

Schließlich macht es die lautgetreue Darstellung fränkischer Mundart erforderlich, ein im Deutschen nicht gebräuchliches Zeihen einzuführen: **å** als ein dumpfes, nach „o“ gehendes „a“.

Nicht unbedingt in ganz Franken gebräuchliche Aussprachen sind in diesem Buch mit (ufr.) für unterfränkisch, (mfr.) für mittelfränkisch (inkl. Nürnberger Stadtjargon) und (ofr.) für oberfränkisch versehen.

Eine Sonderrolle spielt der Raum Rothenburg, denn obwohl dieser zu Mittelfranken gehört, machen sich starke Einflüsse des Unterfränkischen bemerkbar. Diese Begriffe sind mit dem Kürzel (rb.) kenntlich gemacht.

Frangnland un Frangn

Frangn – Wo is'n des übahaubd? will heißen „Franken – Wo ist das denn überhaupt?“. Franken war eines der fünf Stammesherzogtümer im Ostfrankenreich. Die heutige fränkische Region im Freistaat Bayern umfasst nur den östlichen Teil des ostfränkischen Herzogtums.

Bis zum 10. Jh. bestand Franken auch aus Rheinfranken (umfasst das heutige Hessen, Rheinland-Pfalz und Nordbaden) sowie aus Teilen des heutigen Thüringen (südlich des Rennsteigs mit den Landkreisen Sonneberg, Hildburghausen und Schmalkalden-Meiningen). Im Frühmittelalter bis ins 6. Jh. lag die ostfränkische Region (das heutige Franken

Bekannte und historisch interessante Städte in der fränkischen Region sind u. a. das Städtedreieck Nürnberg, Fürth und Erlangen, sowie Würzburg, Schweinfurt, Bamberg, Forchheim und Bayreuth.

in Bayern) im Spannungsfeld zwischen Thüringern und Schwaben.

Weche annere Dialegd-Büchlich aus unnerm Verlååch könnder an Euerm Be-Dse neis Indernedd glodds:
www.reise-know-how.de

Im 7. Jh. wurde sie zunächst nur lose als östliche Mark dem Fränkischen Reich angegliedert. Im Ostfrankenreich entstand ab Mitte des 9. Jh. das Stammesherzogtum Franken.

Bis zur Wahl des Sachsenherzogs Heinrich war es dann zum Stammland und Machtzentrum der ostfränkischen bzw. deutschen Könige geworden. So fanden in der fränkischen Pfalz Forchheim die Königswahlen statt: 900 (Ludwig das Kind), 911 (Konrad I.), 919 (Gegenkönig Arnulf von Bayern) und letztmalig 1077 (Gegenkönig Rudolf von Rheinfelden).

Franken ist heute eine Region im Freistaat Bayern. Sie umfasst dort das nördliche Bundesland Bayern, mit den Regierungsbezirken Unterfranken, Oberfranken und Mittelfranken und Teilen von Oberbayern (Landkreis Eichstätt).

Als Franken wird ferner das nordöstliche Baden-Württemberg bezeichnet. Bis vor kurzem gab es sogar eine Region Franken, die jedoch 2003 in „Region Heilbronn-Franken" umbenannt wurde.

Die Franken

Un wos füa Leud wohne då? will heißen „Und welche Leute wohnen dort?". Früher gehörten zu den Franken (wörtlich: die Freien!) die westgermanischen Stämme der Salier, Chamaven, Charttuarier, Brukterer, Usipier, Amsivarier und Chatten. Während der Völkerwanderung drangen diese Gruppen in Gebiete ein, die heute dem fränkischen Sprachraum zugeordnet werden. Dazu gehören Nord-Bayern, Süd-Thüringen, Hessen, Rheinland-Pfalz, Saarland, Nord-Baden, Nord-Württemberg und deutschsprachige Gebiete in Lothringen und Luxemburg.

Die Teilung in die westlichen Salfranken und östlichen Rheinfranken führte zu den späteren Teilreichen Neustrien und Austr(as)ien und diese noch später zu den heutigen Staaten Frankreich und Deutschland.

Zu Beginn des 5. Jh. befand sich das Zentrum der Frankensiedlungen in und um Köln. Im Jahr 420 überschritt Herzog Pharamond mit seinen Anhängern den Rhein Richtung Westen und führte damit die, in den folgenden Jahrhunderten noch bedeutsame, Teilung der Franken in die westlichen Salfranken und die östlichen Rheinfranken durch.

Unter Chlodwig I. und seinen Nachfolgern ab dem frühen 6. Jh. errichteten die Franken ein Reich, welches sich über das heutige Gebiet von Deutschland, Frankreich, Belgien, Niederlande, Luxemburg und der Schweiz erstreckte.

Heute verrät die Statistik: In Franken leben derzeit weit über 4 Mio. Einwohner auf einer Fläche von etwa 25.000 m². Die Region hat damit doppelt so viele Einwohner wie das benachbarte Thüringen und selbst in Ländern wie Norwegen und Irland leben nicht bedeutend mehr Menschen als in Franken.

Di frängische Schbrooch

Gibds'n übahaubd des Fränggisch? fragt „Gibt es denn überhaupt das Fränkische?". Fränkisch (genauer: Ostfränkisch) ist eine sich über oberdeutsche und mitteldeutsche Sprachgebiete erstreckende Dialektgruppe, die in einem Teil Bayerns, Baden-Württembergs, Hessens und Thüringens gesprochen wird. Unter-, Mittel- und Oberfranken haben jeweils ihre eigene Art sich zu äußern. Darüber hinaus unterscheiden sich Aussprache und Wortschatz oft auch innerhalb einer Region. Insoweit liegt ein ausgeprägter „Sprachpluralismus“ auf sehr kleinem Gebiet vor. In Ermangelung eines „Hochfränkisch“ gibt es kein einheitliches Mundarttheater wie in Altbayern den Komödienstadl oder in Hamburg das Ohnsorg-Theater.

Linguisten gliedern die fränkische Sprachfamilie in 1) Ostfränkisch, 2) Mittelfränkisch, 3) Rheinfränkisch und 4) Südfränkisch (siehe rechts für weitere Unterteilung) und in sprachwissenschaftlichen Werken ist gelegentlich vom oberen Unterfränkisch, vom unteren Oberfränkisch oder gar von Ober- und Unterostfränkisch die Rede. Babylonisches Sprachengewirr also.

Natürlich verstehen sich die Bewohner der drei fränkischen Regionen untereinander, wobei sie gewöhnlich schon nach drei Sätzen einschätzen können, aus welcher Gegend der Gesprächspartner in etwa stammt.

Kenner des Fränkischen werden feststellen, dass der überwiegende Teil der aufgeführten Begriffe und Beispielsätze aus dem Unter- und Mittelfränkischen stammen. Viele können dem Mainfränkischen zugerechnet werden, das (ganz) grob gesagt beidseitig des Mains in der Region zwischen Bayerischer Rhön und der Grenze zu Mittelfranken gesprochen wird. Es ist die Gegend, wo **die Hasen „Hoosn“ und die Hosen „Huusn“ haasn (odder hessn).**

Ostfränkisch: *Mainfränkisch (Mainfranken), Hennebergisch (Thüringen, südwestlich des Rennsteigs), Itzgründisch (Thüringen südlich des Rennsteigs), Südostthüringisch, Oberfränkisch.*

Rheinfränkisch: *Hessisch, Kurpfälzisch, Pfälzisch, Saarländisch.*

Südfränkisch: *Oberländisch (nördliches Württemberg, Mittelbaden) mit Hohenlohisch, Unterländisch (württembergisches Unterland um Heilbronn am Neckar).*

Wie mer's schbrichd

Zur Einstimmung auf die Variationsbreite des fränkischen Dialektes hier fast 50 Lautungsvarianten eines Satzes mit der jeweiligen ungefähren Ortsangabe. Manche der Orte liegen außerhalb der bayerischen Sprachgrenze, wurden jedoch aufgenommen, da sie einen signifikanten fränkischen Einschlag aufweisen. Der Satz bedeutet jeweils „Ich wollte ihr tragen helfen."

Bad Windsheim	**I howwera droong helfn welln.**
Neustadt a. d. Aisch	Ich hobbera helf droong welln.
Höchstadt a. d. Aisch	**Ich hobbera helf droong gwelld.**
bei Forchheim	Ich hobbera helf droong gewölld.
Aufseß	**Ich hobbera helfn droong wölln.**
Kulmbach	Ich hobbera droong helfn welln.
Hummelgau bei Bayreuth	**Iich wolldera droong helfn.**
Hof	Ich wolld ier droong helfn.
Rehau	**Ich wolldera dråång helfn.**
Spielberg	Ich wolldera dråång helfm.
Hiltpoltstein	**Ich håuera helf droong.**
Lauf a. d. Pegnitz	Ich hooera helf droong wolln.
nordöstlich von Hiltpoltstein	**I hoonen helfa droong wölln.**
zwischen Ansbach und Schwabach	I howwera droong helfn wolln.
bei Herzogenaurach	**Ich hobbera helf droogng wolln.**
Gunzenhausen	I howwera helfn droong welln.
Feuchtwangen	**I hobbera helfe droocha gwelld.**
bei Dinkelsbühl	I habbra helfe draaga gwelld.
Rothenburg o. d. Tauber	**I howwera helfa droocha wolla.**
bei Uffenheim	I howwera helfe drooche wella.

I hobbera helfe drooche wölle.	Laudenbach
I howwera half drooch wöll.	Marktbreit
Ich hobbera baim Droocha halfe wölla.	Ochsenfurt
Ich höüra half drååch wöll.	bei Würzburg
I höira drooche wölle helfe.	Marktheidenfeld
Ich honnere helfe drååche wölle.	bei Aschaffenburg
Ich wolldera hölf drååch.	Gemünden
Ich wooldera höölf drooch.	bei Bad Kissingen
Ich honnera wölld helf drååch.	Bad Brückenau
Ich hoore helf wöll dröö.	Mellrichstadt
Ich hooera hölf drååch wöll.	Münnerstadt
I hoora helf wöll drooch.	bei Schweinfurt
Ich hooera helf drooch wöll.	Kitzingen
Ich hobbera helf droong gwelld.	Scheinfeld
Ich hobbera helf drooch gewölld.	im Steigerwald bei Haßfurt
Ich horra half drooch wölln.	Hofheim in den Haßbergen
Ich wolldera bain Dråächn half.	nördlich von Coburg
Ich wollder bain Dråächn half.	südlich von Coburg
Ich wolldera dråång helfm.	Staffelstein
Ich houre dråång helf wölln.	Kronach
Ejch wolldera droong helfn.	nördlich von Kronach
Iich wollder half dråa.	Ludwigsstadt
Ejch wolldera droung helfm.	bei Naila

Dieser kleine Streifzug zeigt die ungeheure Vielfalt unserer Mundart. Auffällig ist die Vorliebe zum Zusammenziehen von Wörtern: Aus „habe ihr" wird im Extremfall **hooera.** Weitere auffällige Beispiele für die Kleinräumigkeit des Frankenlandes: „Jetzt" wird je nach Region als **edz, ezd, edzerd, jedzad, jedzerd** und „wirklich" als **werkli, wergli, warkli** oder gar **wallich** intoniert.

Fränkisch zu sprechen ist gar nicht so schwer, denn alles in allem vereinfacht auch dieser Dialekt mehr als er erschwert. Bis sich allerdings der typisch weich zeichnende fränkische Jargon einstellt, gibt es nachfolgende Grundregeln zu beherzigen.

Vo da Dande a Bageed griing

Dies bedeutet „Von der Tante ein Paket kriegen." und illustriert anschaulich die Lautschwächungen im Fränkischen, die vor allem bei Nordlichtern für (meist) unbeabsichtigte Heiterkeit sorgen.

Die weiche (stimmhafte) Aussprache von harten (stimmlosen) Mitlauten, ist eines der charakteristischsten Merkmale des Fränkischen.

„p“ wird immer zu „b“
Bech Pech, **hubfm** (mfr.) hüpfen,
Subbm Suppe

„t” wird immer zu „d”
Diisch Tisch, **bidder** bitter,
kaald kalt

„k“ wird immer in der Mitte und am Ende eines Wortes zu „g“, am Wortanfang nur, wenn ein Mitlaut folgt
Buggl Buckel, **Dagdig** Taktik,
Graud Kraut

Glaab mersch, des howwi selwer gmachd

Der Satz „Glaub's mir, das habe ich selbst gemacht.“ steht stellvertretend für folgende Lautverschiebung:

Diese Lautverschiebung betrifft fast im gesamten deutschen Sprachraum nur das „s“ am Wortanfang vor „l, m, n, p, r, t, w“ (vgl. schlafen, schmal, schwimmen usw.).

„s“ wird in der Wortmitte immer zu „sch“
raischbern räuspern,
rumkaschbern rumkaspern,
veschbern vespern

Die Eigenart unserer schwäbischen Nachbarn, „schd“ auch im In- und Auslaut eines Wortes zu bilden, trifft man auch im grenznahen „Kontaktraum“, etwa zwischen Rothenburg und Gunzenhausen: **Neschd** (Nest), **schdrengschdens** (strengstens).

Die Entwicklung vom alten Reibelaut „ch“ zum Hauchlaut „h“, den das Neuhochdeutsche in vielen Fällen genommen hat, wurde im Fränkischen nicht mitgemacht:

„ch" statt einfaches „h"
Viich Vieh, **es ziichd** es zieht, **höcher** höher

Vor allem zwischen Selbstlauten und am Wortende, gilt:

„g" wird zu „ch"
lüchen lügen, **Gechnd** Gegend, **Dooch** Tag, **lusdich** lustig

Je nach Gebiet ist das „g" ganz weggefallen oder auch lautgetreu erhalten geblieben: **gsochd** oder **gsoggd** statt „gesagt", **Ziichl** oder **Ziigl** statt „Ziegel", **Vöichl** oder **Väigl** statt „Vögel".

„b" wird in der Wortmitte oft zu „w"
iiweri übrig, **owwer** aber, **erwäddn** arbeiten

Di Schea khead fai mia

„Die Schere gehört übrigens mir." steht für den Lautwechsel beim „r". Damit ist es ja auch im gesprochenen Hochdeutsch so eine Sache. Längst nicht jedes „r" wird im gesprochenen Hochdeutsch artikuliert. Wie sprechen Sie z. B. den Satz „Wie wird denn morgen das Wetter, Herr Seiberl?"

„r“ in der Wortmitte wird unterdrückt oder durch einen Selbstlaut ersetzt:
Berch/Beach Berg,
Durschd/Duschd/Duaschd Durst,
Erdn/Edn Erde

Allerdings unterbleibt der Lautwechsel, wenn einem auslautenden „r“ unmittelbar ein Selbstlaut folgt:

Mai Obba wår ä lusdichs Haus.
Mein Opa war ein lustiger Typ.

Haid gemmer ins Kischeglaue.
Heute gehen wir Kirschen stehlen.

Das „r“ ist vor Lauten, die an den Zähnen gebildet werden, mehr in seiner Existenz gefährdet als vor Lippenlauten und ist daher in „Wirtin“ oder „Kern“ weit seltener zu hören als in „Korb“ oder „arbeiten“.

In der Behandlung des „r“ zeigen sich im Fränkischen besonders starke regionale Unterschiede: Während es im westlichen Franken grundsätzlich artikuliert und nicht nur im Nürnberger Raum sogar „gerollt“ wird, tritt es im Osten mit Ausnahme des Nailaer und Rehauer Raumes kaum noch in Erscheinung. Dort wird das „r“ am Wortende höchstens in einer dem Fränkischen eigenen kehligen Weise „behaucht“ (wird in diesem Buch nicht gesondert gezeigt).

Den Wechsel eines Mitlauts in einen Selbstlaut kennt das benachbarte Bayerische interessanter- und charakteristischerweise auch beim Laut „l“: **midd vui Gfui** (mit viel Gefühl) oder **hoiwa koid** (halb(er) kalt).

A Hambfl Erbfl auf Nämberch droong

Dies heißt auf gut Deutsch „Eine Handvoll Kartoffeln nach Nürnberg tragen." und zeigt wie im Interesse der „Sprechökonomie" Laute verschluckt werden oder sich gar in verwandte Laute verwandeln.

Selbstlaute entfallen
und „n" wandelt sich oft zu einem „m"

a Hambfl eine Handvoll,
Lambm Lampen, **Semf** Senf

nach „ch" sowie vor und nach „g/k"
wird „n" z. B. in Oberfranken zu „ng"

lachng lachen, **drinngng** trinken

bei der Vorsilbe „ge-" fällt das „e" weg

gsedzd gesetzt, **gschdandn** gestanden, **gfalln** gefallen

statt Vorsilbe „ge-" plus „h-" im Anlaut
wird nur „k" gesprochen

kabbd/kood/kaddn/kobbd gehabt,
kolfm/kolfe geholfen,
köad gehört

Neeweran Haffdn Hiffdn

Die Überschrift bedeutet „neben einem Haufen Hagebutten" und illustriert das Phänomen, dass zusätzliche Laute eingebaut werden.

„d" wird in manchen Regionen als „Übergangslaut" zwischen „f" und „n" oder „s" und „l/n" eingeschoben
Brennessdl Brennessel, **Haffdn** Haufen, **Hiffdn** Hagebutten

Allerdings ist diese Sitte meist an das jeweilige Wort gebunden und stark von regionalen Gewohnheiten abhängig.

gelegentlich wird das „d" auch am Wortende angehängt (z. B. um Höchstadt/Aisch in Zentralfranken)
Laichd Leiche/Begräbnis, **Muusd** Moos

Mitlaute können eingeschoben werden, wenn zwei Selbstlaute aufeinandertreffen
neewaran neben einem, **weecharan** wegen einem

Weecharan seddn dubbi mi nedd o.
Wegen so einem rege ich mich doch nicht auf.

Weitere Beispiele für eingefügte Mitlaute, für die man keine genauen Regeln nennen kann:

in dä Middn in der Mitte,
eddserd jetzt,
geecher gegen,
wahrscheinds wahrscheinlich

Wed, dai Wai iss kooni

Dieser Brauch ist nicht nur für die fränkischen, sondern auch für die bayerischen und schwäbischen Mundarten kennzeichnend und stellt somit ein abgrenzendes Merkmal der oberdeutschen Dialekte gegen die mitteldeutschen, namentlich Hessisch und Thüringisch, dar.

Der Satz „Wirt, dein Wein ist schal.“ zeigt wie Laute in der Mundart wegfallen.

„n“ am Ende einsilbiger Wörter wird nicht geprochen
å/ou an, **hi/hej** hin, **grää/grii/grüü/grüa** grün, **Måå/Mou/Muu** Mann, **mai** mein, **dai** dein, **sai** sein, **schää/schee/schöö/schüa** schön, **vo** von

Mit dem Zurückweichen des „n“ ist häufig eine „Nasalierung“ des nun am Ende der Lautung stehenden Selbstlauts verbunden.

„d“ in Wortmitte entfällt vor Selbstlauten
Foon Faden, **Fremme(r)** Fremder, **Kinner** Kinder, **gfunner** gefunden, **hunnerd** hundert, **riin** reden, **Wunner** Wunder

Wegfall von „d“ am Wortende
ball bald, **will** wild, **Hemm/Hömm/Hümm** Hemd

Im gesamten süddeutschen Raum der Fall:

häufig verwendete, auf „-ch“ endende Einsilber sowie auf „-lich“ oder „-ig“ endende Wörter verlieren ihren „ch“-Laut
aa auch, **glai** gleich, **ii** ich, **mi** mich, **di** dich, **si** sich, **no/nu** noch

Wassd du, wu i di Haa hii hoo?

Im Unterfränkischen bedeutet das „Weißt du, wohin ich die Hacke gebracht habe?“ und illustriert den Umgang der Franken mit den Selbstlauten besonders eindrucksvoll.

Die Selbstlaute sind im Fränkischen ein heißes Eisen, da die Aussprache von Ort zu Ort stark variieren kann. Die hochdeutsche Schreibweise taugt oft nur als grobe Richtschnur.

Für die meisten Franken gilt jedoch (mit vielen Ausnahmen) Folgendes:

„a“ wird zu „o“
Schdodd/Schdood Stadt

„o“ wird zu langgezogenem „u“
Huusn Hose

„ü“ wird zu „u“ oder „i“
Rubn Rüben, **Kii** Kühe

„ö“ wird zu langgezogenem „e“
bees böse

„eu“ wird zu „ei“
heid heute

„ei“ wird zu langegezogenem „a“ (Oberfranken) bzw. „e“ (Unterfranken)
Schdaala (ofr.) / **Schdeele** (ufr.)
Steinchen bzw. Steinlein

In manchen Regionen werden Selbstlaute in gewissen Konstellationen grundsätzlich verkürzt ausgesprochen bzw. besonders lange betont, während andere ihre Lautung gar völlig verändern. Da es drei Dörfer weiter wieder anders sein kann, verzichte ich hier auf den Versuch, nachvollziehbare allgemeine Regeln auszuarbeiten.

Generell fällt eine Bevorzugung von langen hellen Selbstlauten („ee“ und „ie“) im Westen (Unterfranken) und des Selbstlauts „a“ im Osten (Oberfranken) auf.

Hier eine kleine Demonstration, was die Franken mit den aus dem Hochdeutschen bekannten Lauten „ei/ai" bzw „u" sowie einigen wichtigen Tätigkeitswörtern anstellen:

Breed/Bried/Braad	Brett
Buuch/Bouch	Buch
Büchle/Bäichle/Büchla	Büchlein
dahemm/dahämm/dahaam	daheim
enzichs/eenzichs/ aanzis/aanzichs	einziges
Gmee/Gemee/Gmaa	Gemeinde
Huad	Hut
kee/kaa	kein
klee/klaa	klein
Mee/Maa	Main
sechn/saachn	seichen/urinieren
i ho/i hoo/i hob/i hobb	ich habe
wädd/wäa	ich werde

Kurios: In der fränkischen Rhön wird „breites Brett" teils als breeds Bried, *teils als* brieds Breed *ausgesprochen!*

Achtung: Er sechd *bedeutet in manchen Regionen „er sagt", in anderen „er pinkelt", in wieder anderen beides – je nach Zusammenhang! Ähnlich vertrackt ist es mit* saachn, *was in der Rhön „sägen" und im Bamberger Raum „urinieren" bedeutet.*

Der offene å-Laut liegt bei den meisten Franken genau zwischen „a" und „o", so etwa bei **Åldä** (Alter), **emål** (einmal) und **Fåråd** (Fahrrad). Da diese Besonderheit nicht überall gleich stark ausgeprägt ist, gehe ich in diesem Bändchen sparsamer mit dem „å" um als es ein Nürnberger tun würde.

Für den Nichtfranken dürfte auch die im westlichen Mainfranken anzutreffende Aussprache des „eu"-Lautes als „äöü" recht befremdlich klingen: **Lüchebäöüdl** (Lügenbeutel) oder **Schbordsfräöünd** (Sportsfreund).

Fränglisch un Frängzösisch

Hier zunächst einige schöne Beispiele für die launige fränkische Aussprache des Englischen – frei nach Dinglish (Deutsch und English) hier einfach mal „Fränglisch" genannt:

Afdä-Wöag-Baadi	after work party
Ägdschn	action
Ål Inglusief	all inclusive
Baddaflei	butterfly
Baragleiding	paragliding
Bläisdäischn	playstation
Dobb Siegrid	top secret
Dräggwien	drag queen
Dschiesböcha	cheeseburger
Häbbi Auer	happy hour
Hidschheiging	hitchhiking
Hollidäi	holiday
Käämkoda	camcorder
Kändel-Leid	candle light
Läbdobb	laptop
Nowdbugg	notebook
Riseigling	recycling
Schbäaribbs	spare ribbs
Söwiss	service
Subbasaunsüsdemm	super sound system

Aus dem Französischen übernommene Begriffe klingen aus dem Munde waschechter Franken folgendermaßen:

Kauderwelsch-Tonträger

Falls Sie sich die wichtigsten fränkischen Sätze und Wörter, die in diesem Buch vorkommen, einmal von einem Einheimischen gesprochen anhören möchten, steht Ihnen das ***begleitende Tonmaterial*** *zu diesem Buch als* ***MP-3 Download*** *in unserem Internetshop* ***www.reise-know-how.de*** *zur Verfügung.*
Das Tonmaterial ist auch auf ***Audio-CD*** *erhältlich, entweder - zuzüglich Porto- und Verpackungskosten - über unseren Internetshop oder in Ihrer Buchhandlung.*

Fränglisch un Frängzösisch

in jedem Fall	**badduu** partout
Entschuldigung	**badong** pardon
Duftwasser	**Bafümm** parfum
Nachttopf	**Bodschamber** pot de chambre
Garage	**Karaasch** garage
Unbehagen	**Malesse** malaise
retour	**reduhr** retour
Polizist	**Schanndarm** gendarm
Vorgesetzter	**Scheff** chef
schüchtern	**schinand** gênant
Gesicht	**Wisaasch** visage

Exemplarisch erwähnt werden sollen auch einige altertümliche Begriffe, die sich im Fränkischen erhalten haben, aber auch nicht in allen Gegenden verwendet werden:

Barras Militär
Buude Dachboden (Boden)
Diichl Pfanne (Tiegel)
Dsiloodhäädle (ufr.) / **Dsiloodhiidle** (ufr.) Salatkopf (kleines Salat-Haupt)
Graudhaadla (ofr.) Krautkopf (kleines Kraut-Haupt)
hinderisch (mfr.) rückwärts
Hoofer (ufr.) Topf/Hafen
Kirfich Friedhof/Kirchhof
Roddban Schubkarre (Radwelle)
Schdiiche Treppe (Steige)
Schduube Wohnzimmer (Stube)
schendn schimpfen (schänden)
schmeggn riechen (schmecken)
unnerschdüwersch (ufr.) kopfüber

Das letzte Beispiel bedeutet wörtlich: das unterste zu oberst.

Grammadigalisches

Die Grammatik unterscheidet sich von der des Hochdeutschen vor allem durch das Fehlen der einfachen Vergangenheit (Imperfekt) und des zweiten Falls (Genitiv); Letzteren gibt es nur in zusammengesetzten Wörtern.

Die einfache Vergangenheit ist dem gemeinen Franken, wie allen Süddeutschen, nur als Medienkonsument und Stilmittel der Schriftsprache bekannt.

Im Frankenland gilt mehr noch als anderswo: Der Dativ ism Genitiv sei Dod *(Der Dativ ist dem Genitiv sein Tod).*

zusammengesetzte Vergangenheit statt einfacher Vergangenheit
i bin kumma ich kam, **i bin gloffn** ich lief

zweiter Fall (Genitiv) wird durch den dritten Fall (Dativ) ersetzt
(de)m Vadda sei' Audo Vaters Auto, **dä Mudda ia(r) Schdriggzeuch** Mutters Strickzeug, **Gusdl sei Haus** Gustavs Haus

auf dem Lande verwendet man manchmal einen anderen Artikel
der Schoglad die Schokolade, **der Radio** das Radio

für Nordlichter gewöhnungsbedürftige Mehrzahl
di Hünd die Hunde, **di Käll/Kall** die Kerle, **di Mädlich** die Mädchen, **di Schüh** die Schuhe

oft sind Einzahl und Mehrzahl identisch
Bee (ufr.) / **Baa** (ofr.) Bein(e)
Diisch/Düüsch Tisch(e)
Orm Arm(e)

gelegentlich wird die Mehrzahlform nur durch Selbstlautwechsel angezeigt
der Fuaß un di Fies
der Fuß und die Füße,
der Kubf un di Kebf
der Kopf und die Köpfe

„die“ statt „den“ beim 4. Fall (Akkusativ) und 3. Fall Mehrzahl sowie „die“ statt „der“ beim 3. Fall der weiblichen Einzahl
Geh’ ma’ zu di Mädlich
Gehe mal zu den Mädchen,
Guck’ amå nåch di Hünd
Schau einmal nach den Hunden,
Gabb dös amå di Schwissda
Gib das mal der Schwester

Nicht nur, aber ganz besonders im Fränkischen, werden Nebensätze mit einem „wo“ eingeleitet. Ein Brauch, den viele Generationen von Deutschlehrern nicht auszumerzen vermochten. Gleiches gilt für die nicht überall gebräuchliche „doppelte Verneinung“:

Di Lehra, wo mir in di Schul hömm, wölla dass mir kenn Dialeggd ned redn. (ufr.)
Die Lehrer an unsere Schule stehen der Mundart eher ablehnend gegenüber.

'S Kätzlä, wo ohm aufn Dooch hoggd, köad ned uns.
Das Kätzchen, das auf dem Dach sitzt, gehört uns nicht.

Manche Tätigkeitswörter (Verben) erzeugen im Gegensatz zum Hochdeutschen kein unregelmäßiges, sondern ein „regelmäßiges" Mittelwort der zusammengesetzten Vergangenheit (Partizip Perfekt Passiv):

gschreid statt „geschrien"
kaut statt „gehauen"

Äschd haddan ogschreid un nachad neis Gsicht kaut. (ufr.)
Erst hat er ihn angeschrien und dann ins Gesicht gehauen.

Besonders interessant ist, wie der Franke je nach Region „gesessen" ausdrückt: **gsizd, gsazd, gsedzn, gsesse, gsasse, gsessd.**

Nix

häufige Verwendung von **nix** (nichts) oder auch **ned** (nicht)
Då is nix los.
Hier ist nichts los.
Des indressierd mich nix mäa.
Das interessiert mich nicht mehr.

Im nördlichen Unterfranken wandelt sich **nix** in beiden Fällen wiederum in **nias** oder **niës,** während es weiter im Süden **nidd** heißt.

in manchen Kreisen ist es trendy, „nicht“ spaßhalber stets durch **nix** zu ersetzen
Heud muss ich nix in di Schul.
Heute muss ich nicht in die Schule.

Fei

Als (meist) unterstreichendes Füllwort bedeutet **fei** (fein) je nach Situation etwa so viel wie „nämlich“, „übrigens“, „aber“, „vielleicht“ oder „freilich“.

Nachad besüchma fei di Omma. (ufr.)
Nachher besuchen wir übrigens die Oma.

Ia könnt mich fei åma am Oasch gelegg. (ufr.)
Ihr könnt mich mal am Arsch lecken.

Des is fei schej. (mfr.)
Das ist aber schön.

Arch

„sehr" wird meist durch
arch/årch/orch (arg) ersetzt
Ma Baa dud ma heud arch weh. (ofr.)
Mein Bein tut mir heute sehr weh.

Sonsdichs

Schließlich fällt auch der im Vergleich zu nördlicheren Breitengraden wesentlich häufigere Gebrauch der Tätigkeitswörter „machen" und „tun" auf. Generell geht der Franke davon aus, dass sich mit diesen beiden Wörtern und einer Handvoll Vorsilben so ziemlich jede Tätigkeit beschreiben lässt.

Franken, die unter sich sind, verwenden gerne deftige Wendungen. Die hochdeutsche Entsprechung hört sich für fränkische Ohren und insbesondere im ländlichen Raum **arch** aufgesetzt, ja fast schon **aggademisch** (akademisch) an.

Türen und Fenster werden nicht geöffnet und geschlossen, sondern „auf-" bzw. „zugemacht", es wird nicht gesäubert, sondern „sauber gemacht" und statt etwas gut sein zu lassen, „tut man es gut sein lassen".

blärrn	„plärren" statt rufen
fuddern	„futtern" statt essen
gloddsn	„glotzen" statt schauen
hoggn	„hocken" statt sitzen
redn	„reden" statt sprechen
rumschlabbn	„herumschlappen" statt laufen
saufn	„saufen" statt trinken
Goschn	„Gosche" statt Mund
schnubbern	„schnuppern" statt riechen

Verniedlichungen

Hauptwörter durch das Anhängen der Nachsilben „-la", „-lä", „-le", „-lich", „-li" (statt „-lein") zu verniedlichen, ist eine weitere sympathische Eigenheit:

di Blümlich/Blümla Blümchen
's Zehnerlä 10-Cent-Stück
's Herrlä Herrchen
's Hündlä (ufr.) / **Hündla** (ofr.) Hündchen
di Nüsslich Nüsschen
's Schbässlä Spässchen
's Schdeelä (ufr.) / **Schdaala** (ofr.) Steinchen

Spitznamen

Einige Verballhornungen von (früher) häufig in Franken vorkommenden Vornamen werden gerne als Stützworte an Beschimpfungen angehängt:

fridzla Fritzchen
kuddl/kunnl/kunnerla Kunigunde
lubber Ludwig
macharedla Margarete
meicherla Michael/Michaela/Margarete
orschl/urschl Ursula
rettl Margarete
wasdl Sebastian

Brunzkunnerla
Bettnässerin
(Piss-Kunigunde)

Herschbreifridzla (ufr.)
Schwächling
(Hirsebrei-Fritzchen)

dulle Urschl
närrische Frau
(tolle Ursula)

Schnorrwasdl
Bettler
(Schnorr-Sebastian)

Die fränkische Aussprache regulärer Vornamen kann für nicht Eingeweihte lustig sein:

Bäbl Bärbel
Bedä Peter
Kamn Carmen
Lodda Lothar
Madda Martha
Maddin Martin
Schambaul Jean-Paul

Werden im Gespräch Namen genannt, so zieht der Franke den Nachnamen gerne nach vorne. Auf dem Lande wird meist ein Hinweis auf die Abstammung beigefügt. Namen werden umgangssprachlich stets mit dem bestimmten Artikel („der" bzw. „die") versehen.

der Kiesel André
Herr André Kiesel
der Droidles (ihrer)
Waltrauds Sohn
'm Hubs seiner
Huberts Sohn

Markt
TV

Kleine Frankenkunde

Franken sind Franken, auch wenn sie politisch gesehen seit etwa 200 Jahren mehr oder weniger gern zu Bayern gehören. Viele wurden durch gewiefte psychologische Maßnahmen der Besatzer bereits dermaßen hypnotisiert, dass sie sich tatsächlich jedes Jahr wünschen, der FC Bayern München möge Deutscher Meister werden. Richtige Franken hingegen halten seit Generationen dem „Club", also dem 1. FC Nürnberg, die Treue. Hardcore-Fans, die regelmäßig ins „Schmuckkästchen" Frankenstadion pilgern, dürfen sich **Glubberer** nennen.

Die Lage von Franken: Äußerst günstig im Herzen Europas. Franken war dank seiner Mittellage zu allen Zeiten Durchgangsland zwischen Nord- und Süd- bzw. West- und Osteuropa. Über den Main ist es an das europäische Wasserstraßennetz, über die A7 und A3 an die wichtigsten europäischen Fernstraßen angeschlossen. Nürnberg und Würzburg und Bamberg sind in das ICE-Netz eingebunden.

Mentalität

Auf den ersten Blick wirken Franken oft spröde und brummig. Wenn sie doch mal den Mund aufmachen, bringen sie gerne direkt zum Ausdruck, was sie wollen bzw. meinen – und das oft eher deftig. Ohne Not nimmt der brave Franke kein Blatt vor den Mund und riskiert dabei schon mal, Fremde vor den Kopf zu stoßen.

Der Franke ist ferner für seinen praktischen Verstand und sein technisches Geschick bekannt. Er ist seit jeher stolz auf seine sauberen Dörfer und die vielen mittelalterlichen Stadtkerne mit ihrer liebenswerten Fachwerkarchitektur.

Die Bezeichnung „Franken“ ist auf gewöhnlichen Landkarten nicht zu finden. Allenfalls sind die Grenzen der drei Regierungsbezirke Unter-, Mittel- und Oberfranken eingezeichnet. Doch auch hier sollte man sich nicht verwirren lassen: Unterfranken ist nämlich der nördlichste und Mittelfranken der südlichste Bezirk.

Der Schriftsteller Hans Max hält jeden Franken für einen **Gewürfelten** und denkt dabei nicht nur an abgeschliffene Ecken und Kanten, sondern auch an die erstaunliche Vielseitigkeit dieses Völkchens. Vielfalt auf kleinem Raum scheint überhaupt der kleinste gemeinsame Nenner der Franken zu sein, auch und gerade was ihre Mundart angeht. „Sich wenden, sich drehen, im Leben bestehen, so ist der gewürfelte Franke zu sehen.“, steht auf dem Frankenwürfel, der von den drei fränkischen Regierungspräsidenten alljährlich an besonders „gewürfelte“ Franken verliehen wird.

Echte Franken sind freilich wendig und altfränkisch beharrlich zugleich. Obendrein geben sie gerne vor, unzufrieden und benachteiligt zu sein – so als müssten sie ständig um Beachtung und Rechte kämpfen. Was dem Franken völlig abgeht, ist die euphorische Selbstdarstellung. Im Gegensatz zu den benachbarten Oberbayern lehnt der brave Franke Gamsbart und Haferlschuhe genauso ab wie die im Süden gefeierten „Mir-san-mir“-Spinnereien. Es wird nicht aufgetrumpft, sondern tiefgestapelt. Der Humor ist nicht feixend und Schenkel klopfend, sondern eher sarkastisch und trocken.

Man hat sich ein gesundes Misstrauen bewahrt und möchte nicht mit der Tür ins Haus fallen: **Dahaam is dahaam un woanasch is a ned anasch** (Zuhause ist Zuhause und woanders ist es auch nicht anders).

Verdienste um die Welt

Neben Frankenwein in Bocksbeuteln und kulinarischen Genüssen wie Würzburger Meefischli, Schweinfurter Schlachtschüssel oder gebackenen Grießschnitten mit Hiffenmark hat das Frankenland nicht zuletzt auch Größen wie Eppelein von Geilingen (1381 in Neumarkt i. d. Opf. hingerichteter Raub-ritter aus der Fränk. Schweiz), Kasper Hauser (Ansbach), Thomas Gottschalk (Kulmbach), Lothar Mätthäus (Herzogenaurach) und Dirk Nowitzki (Würzburg) hervorgebracht.

Hervorzuheben sind ferner die Erfindung der Hobelbank sowie des Schraubstocks im mittelalterlichen Nürnberg, der Globus Martin Behaims (1492) und die Taschenuhr Peter Henleins (1510).

Ob Textilindustrie und Töpferhandwerk, ob Barock, Bratwürste, Burgen oder Butzenscheiben – in Franken gab zu allen Zeiten nicht nur findige Köpfe, sondern auch fleißige Arbeiter, die die zahlreichen Innovationen umzusetzen wussten.

Die großen, in Franken angesiedelten Firmen des Maschinen- und Fahrzeugbaus, der Elektrotechnik und der Spielwarenindustrie, können nach wie vor mit wichtigen Erfindungen aufwarten.

In puncto Kunst und Kultur haben es die Altstadt von Bamberg und die 1744 fertig gestellte Würzburger Residenz auf die Liste des UNESCO-Welterbes geschafft.

Religion: Überwiegend fränkischer Katholizismus mit gut entwickeltem Marienkult. Große protestantische Gemeinden in Bayreuth und Ansbach.

Das oberfränkische Kulmbach bezeichnet sich gerne als Welthauptstadt des Bieres. Das Kulmbacher „Eisbock EKU 28“ mit 11,0 Vol. % Alkohol und 28 % Stammwürze galt viele Jahre als stärkstes Bier der Welt.

Das Frankenlied

Der Text der fränkischen „Hymne“ stammt von Josef Victor von Scheffel (1826-1886), die Melodie des Frankenliedes schuf Valentin Eduard Becker.

1. Strophe Wohlauf, die Luft geht frisch und rein, wer lange sitzt muss rosten; den allerschönsten Sonnenschein lässt uns der Himmel kosten. Jetzt reicht mir Stab und Ordenskleid der fahrenden Scholaren, ich will zu schönsten Sommerszeit ins Land der Franken fahren! Valleri, vallera, valleri, vallera, ins Land der Franken fahren!

2. Strophe Der Wald steht grün, die Jagd geht gut, schwer ist das Korn geraten. Sie können auf des Maines Flut die Schiffe kaum verladen. Bald hebt sich auch das Herbsten an, die Kelter harrt des Weines. Der Winzer Schutzherr Kilian beschert uns etwas Feines! Valleri, vallera ...

3. Strophe Wallfahrer ziehen durch das Tal mit fliegenden Standarten, hell grüßt ihr doppelter Choral den weiten Gottesgarten. Wie gerne wär ich mitgewallt, ihr Pfarr wollt mich nicht haben! So muss ich seitwärts durch den Wald als räudig Schäflein traben! Valleri, vallera ...

4. Strophe Zum heilgen Veit von Staffelstein komm ich emporgestiegen und seh die Lande um den Main zu meinen Füßen liegen. Von Bamberg bis zum Grabfeldgau umrahmen Berg und Hügel die breite, stromdurchglänzte Au, ich wollt, mir wüchsen Flügel! Valleri, vallera …

5. Strophe

Einsiedelmann ist nicht zu Haus, dieweil es Zeit zu mähen. Ich seh ihn an der Halde draus bei einer Schnittrin stehen. Verfahrner Schüler Stoßgebet heißt: Herr, gib uns zu trinken! Doch wer bei schöner Schnittrin steht, dem mag man lange winken! Valleri, vallera …

6. Strophe

Einsiedel, das war missgetan, dass du dich hubst von hinnen! Es liegt, ich sehs dem Keller an, ein guter Jahrgang drinnen. Hoiho, die Pforten brech ich ein und trinke, was ich finde. Du heilger Veit von Staffelstein, verzeih mir Durst und Sünde! Valleri, vallera …

inoffizielle 7. Strophe (Verfasser unbekannt)

Doch jetzt vorbei der D-Zug braust, voll Preußen, Sachsen, Bayern. Vom Mönch, der oben einst gehaust, das Lied sie runterleiern. Zum Staffelstein steigt keiner rauf, es dauert ja vier Stunden. Das ist nun so der Zeiten Lauf, man sieht ihn an von unten! Valleri, vallera …

Hä?- Gell!

Mit einem Smartphone können Sie sich die Wörter, Sätze und Redewendungen dieses Kapitels anhören. Scannen Sie einfach den QR-Code mit Hilfe einer kostenlosen App (z. B. „Barcoo" oder „Scanlife").

Di loggere Schbrooch des fränkischen Alltags soll nun in all ihren Facetten dargestellt werden. Typisch sind dabei die nachfolgenden Ausrufe, die man im Hochdeutschen so nicht verwendet:

Allmechd!
„Universaler Ausruf um Ärger oder Überraschung auszudrücken"

Aufg(e)mergd!
Obacht! (aufgemerkt)

Bassd scho!
Das geht so in Ordnung. (passt schon)

Beim heiliche Kilian!
„Ausruf der Überraschung zu Ehren des Würzburger Schutzpatrons"

Bfeufedeggl!
Ach was! (Pfeifendeckel)

Brouder Higg! (mfr.) Na so was!

Brunzverregg!
„Ausruf höchsten Erstaunens mit einem Unterton der Empörung"

Des (der)bagg i ned!
Das verstehe (packe) ich nicht.

Dunnakail!
Donner und Doria! (Donnerkeil)

Dunnakail, hob iech mich edzerd meina figer oghaun!
Verflucht, was hab' ich mir jetzt auf meine Finger gehauen!

Dunnawadda!/Dunnerwedder! Donnerwetter!
Ezd schlächds dreize! Ach du meine Güte! (jetzt schlägt's Dreizehn)
Gä zua! / Gengers zou! Mach schon! / Machen sie schon! (geh zu / gehen Sie zu)
Gell! „Dass auch ja darauf geachtet wird.“
Gell? Nicht wahr?
***Greizdunnerweddersagramender!** (ofr.) Kreuz-Donnerwetter-Sakrament(er)!
Greizhöllewedder! Kreuzhöllenwetter!
Gscheeng is gscheeng. Nichts mehr zu machen. (geschehen ist geschehen)
Hä? Wie bitte?
Hobb! Auf geht's!
Horch! Hör mal!
Jessas! „Ausruf des Erschreckens“ (Jesus)
Jessmandjosef! (ufr.) „Ausruf des Erschreckens“ (Jesus, Maria und Josef)
Miech driffd der Schlooch! Um Himmels Willen! (mich trifft der Schlag)
Mier däd's raushänger. (mfr.) Das wäre mir sehr willkommen.
No här mer fei aaf! Das ist ja 'n Ding! (nun hör mir aber mal auf)

**Vorsicht:
Wenn der an sich mundfaule Franke zu einem solch langen Fluch anhebt, sollten Sie die Flucht ergreifen!*

Öbbfl = *Äpfel*

Weche warüm *ist der fränkische Versuch der Enträtselung der Welt.*

Ouwäierla! „Ausruf des Erschreckens“
‘S håd gschnaggld! Es hat funktioniert/geklappt!
Saggravuld! (ufr.) Verdammt noch mal!
Schluss, Aus, Öbbfl, Amen! Ende der Diskussion!
Sei suu goud! Nun mach schon! (sei so gut)
So! Schluss, Aus, Ende, Basta!
Suu loui mers eigäih! So gefällt es mir! (so lasse ich es mir eingehen)
Ums verreggn ned! Unter keinen Umständen! (ums Verrecken nicht)
Uierlaa! „Ausruf des Erstauens und Erschreckens“
Wäis kummd, wärds gfressn! Nimm’s wie’s kommt! (wie es kommt, wird es gefressen)
Weche warüm? Weshalb? (wegen warum)
Wedder!/Wedda! Sapperlott! (Wetter)

Bekräftigungen und Lob

Das Wort **Mordsdrumm** wird zur Verstärkung von nahezu allem verwendet, z. B.: **Mordsdrumm Oasch** (Riesen-Hintern) oder **Mordsdrumm Fraa** (Vollweib).

I ho an mords Hunger.
Ich bin sehr hungrig.

I ho an saggrischen Duaschd.
Ich habe ordentlich Durst.

Ich ho än graale Duaschd. (ufr.)
Ich bin sehr durstig.

ä båå(r)	einige (ein paar)
alleweil (ufr.)	immer wieder mal
alsemål	unter Umständen, manchmal
arch/årch/orch	arg (sehr)
årdli (mfr.)	niedlich
äweng/eweng	ein wenig
ball	bald
bragdisch	sinnvoll, handlich, aber auch „so gut wie“
dodal bragdisch	total praktisch
Glusder(er) (mfr.)	Lust/Bock auf etwas haben
goramend	schließlich
graal	arg
gscheid	ordentlich
logetti	logisch
nissi(ch)	eigensinnig (von „Nuss“)
mords/murds	mords-
saggrisch	Adverb der Bekräftigung (von „Sakrament“)
subbä	super
sünsd (ufr.)	ansonsten
süssd (ufr.)	früher
wahrscheinds (ufr.)	wahrscheinlich

alleweil *erinnert an das englische „always“*

eewich un drei Dooch *= ewig und drei Tage*

goramend *ist abgeleitet von „gar am Ende“*

Sävus! Un Adele!

Mit einem Smartphone können Sie sich die Wörter, Sätze und Redewendungen dieses Kapitels anhören.

Die Anrede fällt im Fränkischen um einiges vertrauter aus als das im Hochdeutschen der Fall ist. So verwendet man **Mäster** (von „Meister") als informelle Anrede für (unbekannte) sozial gleichgestellte männliche Personen:

Ej Mäster, gä må harre. (ufr.)
Komm mal her, Sportsfreund.

Ebenso vertraulich: **Mei liaba Freind un Kubferstecher!**
Mein lieber Freund und Kupferstecher.

Wenn man nicht weiß, wen man vor sich hat, hilft die familiär anmutende Nachfrage:

Wann köschdn du oo? (ufr.)
Zu welcher Familie / Zu welchem Dorf gehörst du? (Wem gehörst du an?)

Mo(r)chn!	Guten Morgen!
'N Abnd! / Abnd!	Guten Abend!
'S Godd!	Grüß' Gott!
Adele!	Tschüssi! (Ade-lein)
Widderseng!	Auf Wiedersehen!
Sävus!/Säas!/Säs!/ Seers!	Servus! (als Hallo und Tschüss)
Säas alda Hüddn	Hallo altes Haus! (Servus alte Hütte)

Schlåchdschüssel un Grubfder

Eine fränkische Speisekarte kann durchaus zum Sprachstudium werden: Welches Nordlicht weiß schon, was ihm und seinem Magen blüht, wenn er im Wirtshaus **Blaue Zibfl, Schnidz, Gniedla, Scheiferla/Scheufela, Bindla** oder **Grubfdn** bestellt?

Die ärgsten Wissenslücken werden in den folgenden Listen geschlossen:

Ausstecherli selbst gebackene (ausgestochene) Plätzchen

Ää (ufr.) Ei

ä Häbbla Imbiss (ein Häppchen)

Baggers (mfr.) Reibekuchen

Biezi (mfr.) Kräuter- und Gemüseabfälle

Bloudwoschd Blutwurst

Bommsn Pommes Frites

Bressagg mit Blut, Fleisch und Speck gefüllter Saumagen (Presssack)

Bloods fränkische Backspezialität

Eibrönn Mehlschwitze

Fasörlich (ufr.) Bohnen

Fleesch/Flääsch Fleisch

Fleeschküchlich (ufr.) Frikadellen (kleine Fleischkuchen)

Gelleroum/Gaaleruawe Karotte (gelbe Rübe)

Grubfder Käse-Zwiebel-Pampe (Gerupfter/Obazda)

Gree (mfr.)/**Griia** (ufr.) Meerrettich

In Schweinfurt wird der Schlachtschüssel-Brauch gepflegt: Ein ganzes Schwein kommt (ohne Teller) auf den Tisch. Dann werden die Beilagen geordnet: Bauernbrot in mundgerechten Stückchen, kleine Häufchen Pfeffer, Salz und frischgeriebenem Kren, sowie heißes Sauerkraut. Die eigentliche Schlacht beginnt meist mit Bauchfleisch, dann folgen Schulter, Kamm und Nacken, zum Schluss Innereien, für Spezialisten auch Ohren, Rüssel und Thymusdrüse. Zur Schlachtschüssel wird traditionell Frankenwein, Most und Zwetschgengeist gereicht.

Schlåchdschüssel un Grubfder

Meefischli sind die berühmteste Spezialität aus dem Mee (Main). Pro Person sind hierfür etwa ein Dutzend Rotaugen oder Ukeleis notwendig. Die kleinen Flussfische werden in einer Pampe aus Semmelbrösel/Mehl, Ei, Zitrone und Zimt gewälzt und in reichlich Fett schwimmend goldbraun ausgebacken. Meefischli werden mit Kopf, Flossen und Gräten verspeist. Dazu isst man Weißbrot und trinkt einen Frankenwein, idealerweise Silvaner, Scheurebe oder Riesling. Zum Nachtisch genießt man gerne ä Bödele/än Obsdbodn (mit Tortengussglibber und Früchten der Saison versehener Mürbeteigboden).

Gschlabberi wässriger Fraß
Gweedlde (mfr.) mit dem Federfächer gegrillte (gewedelte) Salzheringe
Kesselflääsch Kesselfleisch (gibt es nur bei Hausschlachtungen)
Kümmerli Gurken
Lebkoung (mfr.) Lebkuchen
Meefischli (ufr.) regionale Fischspezialität (Main-Fischchen)
näscherd/nöscherd verwöhnt, was die Auswahl der eingenommenen Speisen angeht (naschen)
Rotgelechder Wurstspezialität (Rotgelegter)
Schoofmäulich Feldsalat (Schafmäulchen)
Schbiesbrade großes Stück gebratenen Fleisches (Spießbraten)
Schbinaad Spinat
Subbn Suppe
Weggla (ofr.) / **Weck** (ufr.) Brötchen
Weindräubli (mfr.) / **Weidräublich** (ufr.) Weintrauben
Wörschd/Wöschd Würste
Züggälich (ufr.) Bonbons

Besonders viele Bezeichnungen gibt es für **di Kadoffl** (die Kartoffel):

Addöbfl (ufr.)/**Ärbfl** (ofr.) (Erdapfel)
Ebbiern (mfr.)/**Äbiire** (rb.) (Erdbirne)
Grummbern/Grummbirn (ufr.) (Grund-Birne)
Bodaggn (mfr.)

„Fränkisches Hochzeitsessen"

Als Beispiel für die meist deftigen und stets schmackhaften Gerichte der Region hier das Rezept für das hiesige Nationalgericht. Es wird nicht nur bei traditionell begangenen Eheschließungen, sondern in jedem besseren Wirtshaus serviert.

Und so bereiten Sie Ihr Original-Fränkisches Hochzeitsessen zu:

Zutaten für 4 Portionen:
1 kg Tafelspitz,
1 geschälte Zwiebel,
2 geschälte Möhren, Petersilie, geschälter Knollensellerie,
3 Knoblauchzehen,
1 Stange Lauch, Salz, Pfeffer, Suppennudeln,
500 g breite Landnudeln,
1/2 Liter Milch,
4-6 EL Tafelmeerrettich,
4 EL Butter,
1 EL Mehl,
Preiselbeeren.

Das Fleisch am Stück in einem mittelgroßen Topf mit etwa 2-3 Liter Wasser bedecken, salzen, pfeffern und 2 Stunden köcheln bis das Fleisch zart wird. Eine halbe Stunde vor Ende der Garzeit Zwiebel, Möhren, Petersilie, Knollensellerie und Lauch hinzufügen.

Suppennudeln kochen. Wenn die Suppe fertig ist, abschmecken. Fleisch in dünne Scheiben schneiden und zurück in die Brühe geben, Möhren, Knollensellerie und Lauch in mundgerechte Stücke schneiden und ebenfalls zurück geben. Landnudeln kochen.

Währenddessen Butter schmelzen und Mehl goldgelb bräunen, mit der Milch aufgießen und mit einem Schneebesen glatt rühren, aufkochen. Meerrettich unterrühren, abschmecken. Die Suppe als Vorspeise servieren. Die Nudeln mit dem Fleisch, der Soße und den Preiselbeeren reichen. Dazu einen guten Rotwein.

Wohl bekomm's! – Guten Appetit!

Beim Wädd

Im ländlichen Raum dominieren katholische Events den Festkalender: Ostern wird vielerorts ein opulentes Osterfrühstück in der Gemeindehalle eingenommen. Vom Frühjahr bis in den Herbst hinein besucht man die **Bladdnbaadis** (in Eigenregie organisierte Saufgelage der Dorfjugend) sowie die Kirchweihfeste (regional auch **Kerwa, Kirmes** o. Ä. genannt) der umliegenden Orte, wobei das eigene natürlich den Höhepunkt bildet. Im Winter zieht es den Franken auf die zahlreichen Weihnachts- und Christkindelsmärkte. Besonders heiter geht es dann traditionell **zum Fasching / zur Foosenochd** (Fastnacht), der fränkischen Variante des Karnevals zu.

Weitere regionale Spezialitäten, die man gerne bei einem Getränk genießt sind: Nürnberger Gewerch *(gewürzter Schmodder auf Limburger-Basis) mit* Ochsenmaulsalat *(fein geschnittene Ochsenlippen mit Zwiebelmarinade), Altmühltaler Hecht mit* Schwammerlsoße *(Pilzsoße),* Schwärtelbraten *(Schweineschulter), Kalbsherz mit Lauch und Kalbsbries mit* Backers *(Kartoffel-Reibekuchen).*

Die gereichten Speisen müssen deftig, d. h. insbesondere fettreich sein und eine **Baadi** (Party) ohne reichlich Alkohol ist gar keine:

Aaf an Baa schdämmer ned.
Nur ein Bier/Wein/Schnaps ist zu wenig.
(auf einem Bein können wir nicht stehen)

Manch ein Jugendlicher bekommt folgende Takte von den Eltern zu hören:

Wersd besser zon Erbern ganga wie nei di Disgo, no hädsd edzerd ka Schuldn.
Hättest du gearbeitet statt in der Disko rum-

zuhängen, so hättest du jetzt keine Schulden. Die Partylöwen nennt man auch **Nachdeul** (Nachtschwärmer/Nachteule) oder **Sallongdiecher** (Dandy/Salon-Tiger). Wer zu tief ins Glas geschaut hat, muss mit einem **Ruaß** (ufr.) (Rausch) rechnen.

Boggsbeidl/Boggsbeudl/Boggsbeudele Bocksbeutel (typisch fränkische Weinflasche mit flachem Bauch und 0,75 Liter Inhalt)
Bremser Federweißer
Gschbrüdsder Weißwein mit Mineralwasser (Gespritzter)
Gsiief widerliches Gebräu
Schdamberla Schnapsgläschen
Schobbe Mengenangabe (0,25 Liter) für weinhaltige Getränke (Schoppen)
Seidla Bier (0,5 Liter Bier)
Zwedschgä Zwetschgenschnaps

Die typische Bocksbeutel-Form ist in der Region seit 1728 nachweisbar.

Passionierte Frankenweintrinker lassen sich gerne Schobbnfedzer *nennen.*

Vu dem Gsiief werds da kodzibl.
Von dem Gebräu wird einem kotzübel.

Im Wirtshaus, das sich traditionell neben der Kirche befindet, kann nicht nur gezecht, sondern auch franken-typisch gespeist werden. Niemand soll in unserem schönen Landstrich ohne Not sagen müssen:

Mir hängd halmi der Moong raus.
Ich habe einen Bärenhunger.

(mir hängt der Magen halb heraus)

Weitere Weisheiten und Sprüchlein rund ums leibliche Wohl:

Dou kend i mi dumm un dabberd/dabbich fress(n).
Sehr lecker. (da könnte ich mich dumm und dämlich fressen)

Des druggd der ka Ribbm naus.
Das kannst du locker aufessen.
(das drückt dir keine Rippe raus)

Dou dsäichds der is Maul zamm.
Zu bitter/sauer.
(da zieht’s dir den Mund zusammen)

Du wärsd doch nua Knidler zwinger!
Den Kloß schaffst du noch!
(du wirst doch noch einen Knödel zwingen)

In der Nood schmeggd di Wohrschd aa ona Brood.
In der Not schmeckt die Wurst auch ohne Brot.

Kumm, des budzmer nu zamm!
Komm, das verputzen wir noch!

Liäber än Moong verrengd wie än Wärd wos gschengd.
Lieber den Magen verrenkt als dem Wirt etwas geschenkt.

Mier werds scho schlechd, wenni blouß droo denk.
Igitt, mir wird schon übel, wenn ich nur dran denke.

Mid Budz un Schdiell zamgfressn.
Ratzebutz verspeist.
(mit Butz und Stil zusammengefressen)

Wer stets daheim bleibt, wird als **Oufahogger** (Ofen-Hocker), **Öildiechl** (Öl-Pfanne) oder **Schdumhogger** (Stuben-Hocker) verhöhnt.

Heckenwirtschaften

Wein als Synonym für eine ganze Landschaft: Viele Liebhaber edler Tropfen sprechen lieber von Weinfranken als von Mainfranken. Als der irische Bischof Kilian im Jahr 686 mit der Christianisierung der heidnischen Franken begann, musste der wichtige Messwein noch aus fernen Landen herangeschafft werden. Doch schon 777 sorgten missionierende Mönche in der Nähe von Hammelburg für den ersten professionellen Weinbau in Franken. Würzburg folgte 790.

Die Tradition der **Heggnwirdschafdn/Häggerwirdschafdn** gehen auf einen Erlass von Karl dem Großen (!) zurück, der den Weinbauern erlaubte, einen Teil ihres Weines innerhalb eines begrenzten Zeitraumes gleich im eigenen Hof auszuschenken.

Insbesondere am Untermain bei Klingenberg und im Maindreieck gibt es noch eine stattliche Zahl dieser Institutionen, die hausgemachte Brotzeiten zu preiswertem Wein aus eigenem Anbau kredenzen.

Die Anschriften beliebter Heckenwirtschaften (auch Besen- oder Straußenwirtschaften genannt) kleinerer Winzer werden auch unter Ortsansässigen wie Geheimtipps behandelt. Wer wann und wo offen hat, erfragt man aktuell am besten bei den Fremdenverkehrsämtern oder bei hilfsbereiten Einheimischen.

Oft kann man die Wirtschaften an Besen, Wedeln, Büschen oder einem Fichtenkranz über Eingangstür bzw. Hoftor erkennen.

In Gegenden, in denen kein Wein angebaut wird, werden auch illegale Bier-Kneipen als „Heckenwirtschaften" bezeichnet. Manchmal handelt es sich dabei schlicht um das Wohnzimmer (die gute Stube) oder den „Partyraum" älterer Leute, die regelmäßig oder auch nur ab und zu, in jedem Fall aber konkurrenzlos günstig, den Durst der Dorfsäufer löschen helfen.

Schafkopf un Waddln

Schafkopf wird nicht etwa gespielt, sondern in Anspielung auf das Geräusch der auf den Spieltisch gedroschenen Spielkarten **geglobfd** (geklopft). Und so hört es sich an, wenn einem Schafkopf-Neuling in der unterfränkischen Provinz die elementaren Grundregeln nahe gebracht werden:

Nomahl is Hadz Drumbf, gedd also üba alles aussa üba di Hänn. Dos senn di Ünda un di Öba. Dä höggsd is dä Ald. Des is dä Echl Öba. Da schdichd olls zamm.

Zu Deutsch: Im normalen Spiel ist Herz Trumpf. Nur die so genannten „Herren", also „Unter" und „Ober" stellen noch höhere Trumpfkarten dar, wobei wiederum der als „der Alte" bezeichnete „Eichel Ober" die höchste Trumpfkarte überhaupt ist. Mit ihm kann jede andere Karte „gestochen" werden.

Die Farben der Spielkarten sind:

Echl	Eichel
Grüa	Grün
Schell(n)	Schelle
Hadz	Herz

Waddln

So lautet die Bezeichnung für das zweitwichtigste Kartenspiel der Franken. Es wird ebenfalls mit deutschem Blatt gespielt, jedoch geht es anders als beim Schafkopf nicht um (kleine) Geldbeträge, sondern um Bier: Die Verlierer müssen nach einer bestimmten Anzahl von verlorenen Spielen **Mösser** (1 Maß = 1 Liter) zahlen, die von allen vier Spielern umgehend gemeinsam vertilgt werden. Bei besonders durstigen Waddl-Runden tritt das eigentliche Spiel zu Gunsten des Biergenusses stark in den Hintergrund.

Nicht nur beim Waddln, *auch beim* Schafkopfen!

Ein interessantes Detail ist das **Brunz-** bzw. **Saach-Kadderduum** (Brunz- bzw. Seich-Karter-Tum; von **brunzn** (ufr./ofr.) bzw. **saachn** (ofr.), sprich „urinieren"): Angehende oder neu zugezogene Kartenspieler lungern in der Nähe des Kartentisches herum, um sich für die Dauer der Pinkelpause als Ersatzmann für den austretenden Spieler anzubieten. Ein hartnäckiger **Brunzkadder** kann so bei Krankheit oder Tod eines der Altvorderen dauerhaft „einsteigen".

Gleeder eikäff

Wenn der Franke auf Schnäppchenjagd geht oder einfach einen Einkaufsbummel machen will, so nennt er dies **bromenier** (promenieren). Hat er ein Schnäppchen finden können, so sagt er:

Des kosd ned di Weld.
Das ist nicht teuer.
(das kostet nicht die Welt)

Wenn es ein weniger positives Erlebnis wurde, heißt es:

Dou bin i villeicht eiganga.
Ich wurde übervorteilt.
(da bin ich vielleicht „eingegangen“)

Nützlich beim Shoppen sind folgende Begriffe:

Eikäffdudde	Einkaufstüte
Loodä (ufr.)	Laden
Subbämargd	Supermarkt
Gleeder	Kleidung (Outfit)
Bumbl	weite Hose
Grawadd(n)	Krawatte
Händdschich	Handschuhe
Huad	Hut
Hümm (ufr.)/ **Hemmerd** (ofr.)	Hemd
Schlabbn	Hausschuhe (Schlappen)

Bumbl *bedeutet auch „dicke Person“ und* Grawadd(n) *auch „frecher Junge“.*

Schobbe, Schlambe un Schlåcher

Mit der Lebenseinstellung „Schoppen, Schlampen & Schlager“ als der fränkischen Version von „Sex, Drugs & Rock 'n' Roll“ bzw. „Wein, Weib & Gesang“ identifiziert sich der eher zur Gemütlichkeit neigende Durchschnitts-Franke nur zu besonderen Anlässen wie der örtlichen Kirchweih oder Kindstaufe.

Daher dominieren neben dem **Schobbing** (Shopping) behäbigere **Agdividädn** (Aktivitäten) wie das Sammeln von Leckerein. Da gibt es lustige Ausdrücke wie **nei di Beere/Bilz geh,** womit zum Ausdruck gebracht wird, dass man „in den Wald geht, um Beeren/Pilze zu sammeln“.

In der der Sparte **Musigg** (Musik) gibt es auch noch das ein oder andere Wort über den **Blechschbodser** (Trompeter) zu verlieren:

Blech-Spucker

Wenn der Blechschbodser schbilld, maansd es jauld a Hund.
Die Kunst dieses Trompeters erinnert an einen jaulenden Hund.

Ein weiteres Hobby sind die Gespräche über **'s Wedda** (das Wetter):

Bei denn Hundswadder mechd mer går ned vur di Dier!
Bei dem Mistwetter will man gar nicht vor die Tür.

Schaff' wås!

Franken gelten wie auch die benachbarten Schwaben als hervorragende, stets präzise und gewissenhaft arbeitende Handwerker. So erledigt ein typisch fränkischer **Babba** (Papa), wenn er **vo di Schbähdschichd** (von der Spätschicht) **aus di Fabbrigg hemmkünnd** (von der Fabrik heimkommt) gerne noch **wås hald su dahemm ofälld** (was halt zu Hause anfällt): **Öbbes/Ebbes** (etwas) im **Gådde** (Garten), **am Audo odda annere klenne Ausbesserunge** (am Auto oder andere kleine Ausbesserungen).

Mit einem Smartphone können Sie sich die Wörter, Sätze und Redewendungen dieses Kapitels anhören.

Er mechd (scho) sei Ärberd.
Er macht (schon) seine Arbeit

Der Nachber mechd bei seina Gschäfdlich ümma än murds Schnied.
Der Nachbar macht bei seinen Deals stets einen guten Schnitt.

di Händ waggl lass (ufr.)
geschäftig zu Werke gehen

Ärberd	Arbeit	
Brofission	Provision	
Dobb-Dschobb	gute Stellung	*wörtl.: Top-Job*
Feierahmd	Feierabend	
Gschäfdlich mach'	Geschäfte abschließen	
Konegschns	Vitamin B	*wörtl.: Connections*

Faule un langsame Deifl

Wer der gängigen Arbeitsmoral ablehnend gegenübersteht, läuft Gefahr, von seinen fränkischen Mitmenschen so betitelt zu werden: **Gammlbruuder** (Faulenzer = Gammel-Bruder), **fauler Druggser** (Lahmarsch), **Groodscher/Gruudscher** (Lahmarsch), **Haadschn** Lahmarsch, **Kachl** (rb.) (träge Person), **fauler Gnochn** (fauler Knochen) oder **fauler Schdinger** (fauler Stinker).

Groodscher/Gruudscher *ist abgeleitet von* grudschn = *rumkramen.*

Schwing deina Haxn, du fauler Deifl!
Schwing deine Haxen, du fauler Teufel!

Suu schäi wäi du mächerd is a ämohl hohm!
So schön wie du möchte ich es auch einmal haben!

A ruiche Kuchel schiebe. (ufr.)
Ä ruiche Kugl schäim. (mfr.)
A ruicha Kuchl schiem. (ofr.)
Eine ruhige Kugel schieben.

Der schdilld in Herrgodd in Dooch weg.
Er stiehlt dem Herrgott den Tag.

Kummi heid ned, kummi morng, gell?
Komm' ich heut' nicht, komm' ich morgen.

Schdäid dou midder Zunga im Maul.
Steht (nichts tuend) mit der Zunge im Mund herum.

Schlamberd

Den Handwerker, der nur **Grawidschgo** (schlampig ausgeführte Arbeit) oder **Murgs** (Murks = mangelhafte Verarbeitung) abliefert, nennt man **Huddlbumber** (rb.).

Schdell dich ned so bleed o!
Stell dich nicht so blöd an!

Des is nix halbs un nix ganz.
Das ist nichts Halbes und nichts Ganzes.

Des hodd käin Waad.
Das hat keinen Wert.

Des houd kan Dauch ned.
Das ist unnütz. (hat keinen „Taug")

Des daachd nias! (ufr.)
Das taugt nicht!

Badzer	schwerer Fehler (Patzer)
G(e)lumb	Unrat (von Lumpen)
Hundsglumb	mangelhafte Ware (Hunde-Gelumpe)
G(e)raffl	Kram
Gfugg	Pfusch
grumms Zeuch	unsaubere Sachen (krummes Zeug)
Gruudsch	Schrott
Gwärch (mfr.) / **Gwerr** (ufr.)	Durcheinander

Des lichd alles wäi Graud un Ruum.
Alles liegt wie Kraut und Rüben durcheinander

Des Graffl nehmerd iech ned ämohl gschengd.
Den Trödel nähme ich nicht einmal geschenkt.

Des waggld wäi ä Kouschwoonz.
mangelhafte Befestigung
(das wackelt wie ein Kuhschwanz)

Des is der villeichd ä suua Badend.
etwas, was schwierig in der Anwendung ist
(das ist vielleicht so ein Patent)

Der rubfd si aa ka Baa aus.
Jener Zeitgenosse reißt sich bei der Arbeit auch kein Bein aus.

Was solldn des wärn, wenns färdich is?
Was soll das denn werden, wenn es fertig ist?

Ned schlamberd

Natürlich läuft es manchmal wie gewünscht:

Des gäid wäi gschmierd.
Das klappt wie geschmiert.

Ned schlamberd!
Sehr starkes Lob (Nicht schlampig!)

Wås schaffst du?

Aggdakoubf (ofr.) / **Aggdäkuubf** (ufr.)	Büromensch/Anwalt (Aktenkopf)
Banscher	Weinbauer
Beck	Bäcker
Beddongbadscher	Maurer (Beton-Patscher)
Beidlschneider	Geschäftsmann (Beutelschneider)
Berchermessder (ufr.)	Bürgermeister
Bfaff/Bfarr/Bforr	Pfarrer
Blechbadscher	Flaschner (Blech-Patscher)
Bodschamber-schwinger	Krankenpfleger(in)
Bolli (mfr.)	Polizist
Bons(e)	Millionär/Bonze
Booder (mfr.)	Frisör
Boos (mfr.)	Hebamme
Bosbod	Postbote
Daachgniedscher	Bäcker (Teigkneter)
Diregder	Direktor
Doggder	Arzt/Doktor
Dräädlasziecher	Elektriker (Drähtchenzieher)
Dullnramer	städtisches Personal
Flouchhaan	Krankenschwester (Flughaube)
Föschda	Förster
Friseer	Frisör
Fungnmarie	Elektrofachverkäu-ferin (Funken-Marie)

Banscher *kommt von „Wein pantschen"*

Bodschamberschwinger *ist abgeleitet von* Bodschamber *= Nachttopf*

Mit dem städtischen Personal ist das zur Grubenentleerung gemeint.

Ein Geßlersgeicher *ist auch ein Mann, der Mädchen nachstellt!*

Höög *ist abgeleitet von* höögen = *handeln*

Keine Berufe sind hingegen: Mönsch(er) *(Mensch(en))* *und* Margn *(gewiefter Mensch, Marke).*

Geßlersgeicher	Straßenmusikant (Gassen-Geiger)
Gosmoo (ofr.)	Gasmann
Höög	Händler
Hubfdolln (ofr.)	Tänzerin (Hupfdohle)
Oeschbaggeboder (rb.)	Frisör (Arschbacken-Bader)
Schnallndreiwer	Zuhälter (Schnallen-Treiber)
Schualmeßder	Lehrer (Schulmeister)
Schudzmoo	Polizist (Schutzmann)
Viechdogder	Tierarzt (Viehdoktor)
Wädd/Wiadd	Wirt
Zabf(wädd)	Barkeeper (Zapf-Wirt)

(de)s Rechimend führn *= die Leitung haben (von „Regiment")*

Wia der Herr so's Gscherr.
Alles orientiert sich am Chef.

Der Aggdäkuubf ziaht jen üwän Düüsch. (ufr.)
Dieser Winkeladvokat zieht jeden über den Tisch.

Der Doggder hodd gemeend ich söll heud ämå übahaubd ned naus ausm Naasd. (ufr.)
Der Doktor empfahl mir, heute im Bett (Nest) zu bleiben.

Einige spaßig gemeinte Sprichwörter:

Is Leem is ans der schwersden drei Dooch vurn Ärschdn.
Das Leben ist eines der schwersten drei Tage vor dem Ersten.

Wie aana issd, su ärwada aa.
Wie einer isst, so arbeitet er auch.

Der Lebenslauf eines typischen Unterfrankens in Stichworten zusammengefasst:

Deff	Taufe
Kinnägoddä	Kindergarten
Schual	Schule
Schdiffd	Lehrling (Stift)
Barras	Bundeswehr
Gsell	Geselle
Hochzich	Hochzeit
Messder	Facharbeitermeister (Meister)
Bau	Hausbau
Rende	Rente
Goddsagga	Friedhof (Gottes-Acker)

Dahemm

Dahemm isses am schüasde/schönnsde sagt der Franke, wenn er „Zuhause ist es am schönsten“ meint, kurz bevor er sich vor die **Gloddze** (Glotze) wirft.

Audo	Auto
Beddlodn (ufr.)	Bettstatt
Bulldog	Traktor
Fåråd	Fahrrad
Gouwl (ufr.)	Gabel
Gschärr (mfr.)	Geschirr
Haad (ufr.)	Herd
Labbä	Lappen
Ledder	Leiter
Marmaladnamerla (ofr.)	Marmeladen-Eimerchen
Mienz (ofr.)	Hauskatze
Mobbed	Mofa/Chopper
Naasd (ufr.)	Bett (Nest)
Odrügglddüchlä (ufr.)	Geschirrtuch
Oofe (ufr.)/**Oufe** (ufr.)	Ofen
Schdieche	Treppe (Stiege)
Schdreichhölzlich (ufr.)	Streichhölzer
Scheidli (mfr.)	Holzscheite
Uufmluuch (mfr.)	Ofenloch (zum Befeuern)
Wargzeuch	Werkzeug
Wöschmaschiin (ufr.)	Waschmaschine
Zooberschdla (mfr.)	Zahnbürste

Dämmer ä weng aafreimer, mer waß ned wäi ans kummd.
Räumen wir ein wenig auf, man weiß nicht, ob jemand zu Besuch kommt.

Viecher un Bodanig

Auf Feld und Flur kreucht und fleucht es auch im Frankenland.

Mit einem Smartphone können Sie sich die Wörter, Sätze und Redewendungendieses Kapitels anhören.

Viecher

In den Summer hodds an Haufm Muggn geem. Iech brauch obba kann Muggnbadscher, iech hau middn Schlabbm hie.
Diesen Sommer gab es gar viele Fliegen. Ich benötigte jedoch keine Fliegenklatsche, da ich stattdessen lieber meine Pantoffel verwende.

Ächüale/Ächülä (ufr.)	Eichhörnchen
Äisl/Iisl (ufr.)	Esel
Andn (ofr.) / **Endn** (ufr.)	Ente
Bie	Biene
Daum	Taube(n)
Gaans/Goons	Gans
Geziefa (ufr.)	Nutztiere (Geziefer)
Giecherla/Göögerle	Huhn

Goil	Pferde (Gäule)
Gööger (ufr.)	Hahn
Hamml	Schafbock
Holdsboug	Zecke
Hoos	Hase
Hooseküh	Häsinnen (Hasenkühe)
Grogg (ufr.) **/ Grouer**	Krähe
Kafala/Käfälä	Käferchen
Kaniggl	Kaninchen
Kälble/Kelbla	Kälbchen
Moggeli (ufr.)	Kälbchen
Schwejsmuggn	Schmeißfliege(n) (Mücke/Mücken)
Schwåddskiddl	Wildschwein (Schwarzkittel)

wörtl.: Holzbock

Die zahlreichen fränkischen Kleintierzüchter sagen zueinander:

Mach dein Hoosekühschdohl zu, dasses Geziefa ned davohlöffd. (ufr.)
Schließe den Hasenstall, damit die Tiere nicht davonlaufen.

Bodanig

Baam	Baum
Bäiderla (mfr.) / **Bädderles** (ufr.)	Petersilie
Bfiffer (mfr.) / **Schwömm**	Pilze (Pfifferlinge/ Schwämme)
Blaugraud	Rotkohl
Essichgargn (ofr.)	Essiggurke
Föra (ofr.)	Kiefer (Föhre)
Gedreed (ufr.)	Getreide
Genseblimla (mfr.)	Gänseblümchen
Hää/Hee/Höö(ufr.)	Heu
Hiffdn (mfr.)	Hagebutten
Holler	Holunder
Karviol (rb.)	Blumenkohl
Laachgmies (rb.)	Lauch(-gemüse)
Rubn/Ruam/Rumm	Rübe
Sembfdgargn (ofr.)	Senfgurke
üwaschicher Ruabagemüas (ufr.)	Kohlrabi
Wess (ufr.)	Weizen
Zenserli (ufr.)	Majoran
Zwedschger	Zwetschgen
Zwiefl (ufr.)	Zwiebel

Achtung: Mehrzahl von „Baum“ ist Baame *oder* Bömm.

Unterfranken - nur 8532 qkm groß, aber drei unterschiedliche Lautungen für Heu!

Die „Rübe“ nennt sich regional auch Rungl *(von „Runkelrübe“).*

Wess *gilt sowohl für die Pflanze als auch für das Weizenbier!*

Di buggliche Bagaasch

> Bagaasch *wird nicht nur scherzhaft abwertend für Freunde und Familienangehörige verwendet, sondern auch für jede beliebige Gruppe unsympathischer Personen. Das Wort kommt aus dem Französischen:* bagage = *Gepäck.*

Ohne **di bugglich(e) Bagaasch,** sprich die bucklige Bagage, also „die lieben Verwandten" geht auch im Frankenland gar nichts:

Badin/Doudä (ufr.)	Patin
Bobberla	Baby
Brouder/Bruader	Bruder
Doudd (ufr.)	Pate
Duchder	Tochter
Fraa	Gattin (Frau)
di Großß	unsere Älteste (Große)
's Herrle/der Obba	der Opa (Herrchen)
's Freelä/di Omma	die Oma (Frauchen)
Kinner	Kinder
der Klee	unser Jüngster (Kleine)
Moo	Gemahl (Mann)
Mudder/Memm	Mutter/Mama
Onggl	Onkel
Schwåcher	Schwager
Schwissda	Schwester
Vodder/Babba	Vater/Papa

Unverbesserliche Muttersöhnchen stichelt man in Unterfranken gerne mit folgender ironischen Aufforderung:

Geh hämm zu di Memm un läss dich wösch un kämm.
Geh nach Hause zu Muttern und lass dich waschen und kämmen.

Dübbisch frängischs Gschdell

Um Fränkisch zu verstehen, muss man üben. Dies geht am besten mit einem waschechten Franken. Falls ein solcher gerade nicht zur Hand sein sollte, kann nach dieser Bauanleitung einer angefertigt werden.

Romandigger un Mädlesschmegger

Der Franke ist trotz seines gewöhnungsbedürftigen und vergleichsweise rustikalen Charmes eigentlich **ä dodal verkannder Romandigger** (ein total verkannter Romantiker). Und obwohl in seiner Heimat seit alters her gilt **„Liebe fägehd – Heggda beschdehd“** (Liebe vergeht – Hektar besteht), gibt es in seiner Mundart ein wahres Füllhorn von Begriffen rund um Lust, Liebe und Leid.

„Der Herr sölls am Kinnerseeng widda guadmach.“ *ist eine antiquierte Dankesformel (der Herr soll es am – also „per reichem“ – Kindersegen wieder gutmachen).*

Liedi gschdorm, aa ned verdorm.
Man soll nicht um jeden Preis heiraten.
(ledig gestorben, auch nicht verdorben)

Mannsbilder

Aaschifdicher	abfällig für Alleinstehenden
Ald	(meist) abfällig für Ehegatten
Bfannafligger	Mann, der ein Verhältnis zu einer verheirateten Frau hat (Pfannen-Flicker)
Bfingsoggs	aufgeputzte Person (Pfingstochse)
Biggsemacher	Mann, der nur Töchter hat (Büchsenmacher)
Diddlasbadscher/Diddlasgrabscher	Busengrapscher
Gogerloori	Liebhaber einer verheirateten Frau
Gschbrüdsder (ufr.)	Schönling

Haloodri	Taugenichts/Frauenheld
Laggaff	Lackaffe
Läidicher (ufr.)	lediger Mann
Mannsbil(d)	kräftiger Mann
Mädlesschmegger	Mann mit großem Frauenverschleiß (Mädchen-Schmecker)
Nehmnausmauser/Nehmnausdreder	untreuer Ehemann
Oarschgradzer	Schmeichler (Arsch-Kratzer)
Schbanner	Voyeur (Spanner)
Schmolschburgasanowa	Schmalspur-Casanova
Ziechnbouck	alter Lüstling (Ziegenbock)

Der Nachbarä ihr Alder is a versuffns Luuch.
Der Gatte der Nachbarin ist ein unverbesserlicher Säufer.

Den Diddlasbadscher mussda gleich ana auf di Finger gehm.
Bei diesem Sittenstrolch hilft nur Faustrecht.

Gibsd mä dai Duchdä grigsdä mai Dröschmaschiin.
Sofern du bereit bist, mir deine Tochter zur Frau zu geben, bekommst du meine (Getreide-)Dreschmaschine.

Der ald Mädlesschmegger fährd schdänndich a anners jungs Ding schbaziern.
Der alte Aufreißer fährt ständig ein anderes Mädchen spazieren.

Weibsbilder

Aufschnigglde/Aafgmachda herausgeputzte Frau (Aufgemachte)
Beesn liederliche Frau (Besen)
Bridschn liederliche Frau (Pritsche)
Dussnelda herausgeputzte Frau (abwertend)
Escha abfällig für Begleiterin
Faachfeuer temperamentvolle Frau
Fechä hübsche Frau (Feger)
Fladerwüsch (ufr.) leichtfertige Frau
***Foosn** Hure
Fraunzimmer Frauenzimmer
***Fuddn** (ofr.) Flittchen
Gärdlaschiggsn (ofr.) aufgetakelte Frau (Gärtchen-Schickse)
***Lusch** Schlampe (Hündin)
Madz (ofr.) liederliches Frauenzimmer
Old (meist) abfällig für Ehefrauen
Schiggsn Schickse
***Schlambm** Schlampe
***Schnalln** Schnalle
Schneggla Freundin (Schneckchen)
Weibsbil(d) abwertend für Frauen
***Zuchdl** lasterhafte Frau (Zuchtsau)

Faachfeuer *bedeutet wörtlich „Fegefeuer"!*

Fechä *ist auch ein „lebhaftes Kind".*

Erläuterung zu Gärdlaschiggsn*: Sogar für die Gartenarbeit herausgeputzt.*

Besonders schlimme Verwünschungen sind mit einem Sternchen (*) gekennzeichnet.

Wedder, hod der orm Deifl an Hausdrachn dahaam, der muss imme scho uma fimfa aus Werdshaus naus!

Gott, was hat der arme Teufel für einen Drachen zu Hause, dass er immer schon um fünf das Wirtshaus verlassen muss!

Zum Abschluss die größtmögliche fränkische Liebesbezeugung:

Ich hobb dich garn.
Ich liebe dich.
(ich hab dich gern)

Aufn Abbord

Der Gang zum stillen Örtchen wird im Fränkischen etwas anders als im Rest der Republik geschildert. Den Ort selbst nennt der Franke **Abbord** (Abort), **Gloo** (Klo), **Dobf** (Topf), **Donnabalgn** (Donnerbalken) oder **Logus** (Lokus).

Für den von älteren Franken nach wie vor gerne benutzten Nachttopf gibt es eine ganze Reihe von Bezeichnungen: Brunzkiebl *(Pinkel-Kübel),* Nachbodschamber *Nacht-Bottig (von frz. „pot de chambre“) oder* Saachdiicherla *(Piss-Pfanne).*

Abbordbrinzessin	Toilettenfrau
Binglbause	Pinkelpause
Bfüadz	Fürze
brunzn	urinieren
Kaggreiz	Stuhldrang
schbeia	kotzen (von „speien“)
schbeddzn (ufr.) / **schboddzn** (ofr.)	spucken
sechn/sächn (ufr.)	urinieren

Sechn/sächn *bedeutet auch „regnen“:* 'S sächt. = *Es regnet.*

Döff ich må auf Eiern Gloo?
Kann ich bitteschön Ihr WC benutzen?

Wosn då der Abbord?
Wo bitte finde ich die nächstgelegene Toilette?

Di Gräng hömm

Mier hömm dahemm gråd alle di Gräng heißt es, wenn „gerade alle daheim krank sind“. Mit anderen Worten **di Gräng hömm** bedeutet schlicht „krank sein“ bzw. die „Kränke haben“. **Di Gräng gräing** bedeutet je nach Kontext auch „gestresst sein“.

Doud	Tod
Durchma(r)sch	Durchfall
Gredz(e)	Krätze
Hädzkaschber	Herzinfarkt (Herz-Kaspar)
Hedsch(er)	Schluckauf
Kadaar	Erkältung
Moochäwädich	Magenschmerzen
Oanreißn	Ohrenschmerzen
Waddich/ Wädich (ufr.)	Schmerzen
Wewelich	Zipperlein
Zehwaddich	Zahnschmerzen

Achtung: In einigen Regionen bedeutet hedschn *(auch) soviel wie „schlurfen“.*

Ist man von einer äußerlich sichtbaren Krankheit betroffen, nennt man dies **bäis/böös.**

Di Nochbara hod a böös Aach.
Die Frau Nachbarin laboriert an einem Augenleiden.

... än bööse Fuass.
... einer Fußverletzung.

... än bööse Finger.
... einer Entzündung des Fingers.

Achtung: Um einen besonders hässlichen Menschen zu beschreiben, heißt es manchmal: **Der schaud aus wäi a bäiser Finger.**

Zåhle un Wochedooch

In den fränkischen Regionen werden Zahlenangaben (sehr) unterschiedlich artikuliert. Als patriotischer Bewohner des nördlichen Unterfrankens möchte ich im Folgenden beispielhaft eine Lautung dokumentieren, wie man sie in den ländlichen Regionen des Landkreises Bad Kissingen zu hören bekommt:

1	**ees/ens**	11	**ellef**
2	**zwee**	12	**zwöllef**
3	**drei**	13	**dreidze**
4	**via**	14	**vidze/viadze**
5	**fünef**	15	**fuchze**
6	**seks**	16	**sachze**
7	**siebä**	17	**sibbze/siebeze**
8	**ocht**	18	**ochdze**
9	**neu**	19	**neunze**
10	**zäh**	20	**zwanzich**

Alle weiteren Zahlen sind in diesem Buch als Seitenzahl ausgeschrieben worden.

Stügger drei odder via
veraltete fränkische Mengenangabe (Stück)

Wochentage

Auch die Wochentage hören sich in jeder Region etwas anders an. Die gebräuchlichsten Lautungen klingen etwa so:

Montag	**Monndooch, Moondich, Meeder, Meeda, Määda, Mäender, Maandoch, Maandi, Männdi, Muendich, Maandich, Moodich**
Dienstag	**Dinnsdooch, Diisdich, Dejsdich, Diinsder, Dinnsda, Diinschder, Dennsdooch, Diisdi, Daisdich, Diinsdich, Dinnsdich**
Mittwoch	**Miidwoch, Miiwich, Mejdwochng, Midder, Middwoch, Middwochng, Middwuch, Middwocha, Mieber, Miidwucha**
Donnerstag	**Dunnerschdooch, Doaschdich, Donnerschdich, Dorschder, Dunnerschda, Doaschda, Dunnerschder, Dunnerschdooch, Dunnerschdi, Dunnersdich, Dunnerschdich**
Freitag	**Fraidooch, Fraidich, Fraider, Fraida, Fraidi**
Samstag/Sonnabend	**Samsdooch, Sunnomd, Samsder, Samsda, Samsdooch, Samsdi, Somsdi, Sunnobed, Samsdich**
Sonntag	**Sunndooch, Sunndich, Sunnder, Sunnda, Suundi**

Eine Sonderrolle spielt hier die Gegend um Gunzenhausen, wo sich archaisch wirkende Bezeichnungen erhalten haben, so vor allem **Meendi** für Montag, **Aftermeendi** für Dienstag und **Miggdi** für Mittwoch.

Unnerwechs

Kaum ein Städtename wird von den Franken so intoniert wie er auf dem Ortsschild steht:

Ascheberch	Aschaffenburg
Bamme	Bamberg
Baraid	Bayreuth
Boddnschdaa	Pottenstein
Burchwollbich	Burgwallbach
Ferd	Fürth
Fuschd	Fuchsstadt
Karschd	Karlstadt
Kidzinga	Kitzingen
Köanni	Kürnach
Köön	Bad Königshofen
Maroggo	Margetshöchheim
Mellerschd	Mellrichstadt
Müaschd	Münnerstadt
Nämberch	Nürnberg
Öawerblefld	Oberpleichfeld
Schweiferd	Schweinfurt
Wöddsburch	Würzburg

Wer nix werd, werd Werd in Ferd.
Wer nichts wird, wird Wirt in Fürth.

Der **Greudzberch** (Kreuzberg) in der Bayerischen Rhön war schon in vorchristlicher Zeit der heilige Berg der Franken. Statt zu Fuß gelangen moderne Pilger lieber über die B279

Zwiefldrader *(Zwiebeltreter) heißen die Bewohner im Zwiebelanbaugebiet rund um Bamberg.*

Die Münnerstädter kennt man in der näheren Umgebung als Nägelsieder, *die Einwohnerschaft des nahe gelegenen kleinen Dorfes Kleinwenkheim als* Bischöff.

Schweinfurt wird von Freund und Feind auch gerne als Schnüdl-Hausen *bezeichnet.*
Die Schweinfurter kennt man als Schnüdl.

zu dieser knapp 1000 Meter hohen Erhebung aus Vulkangestein. Der Ruhm des nur hier ausgeschenkten Kreuzberg-Bieres reicht weit über die Region hinaus.

Wo hii?

Übrigens: Die guten Bewohner von Büchenbach bei Erlangen müssen sich Froscher *rufen lassen, schließlich leben die meisten Bürger dieser Gemeinde noch heute vom Verkauf selbst gesammelter Frösche (im nahen Wiesen-grund besonders zahlreich vorhanden) an die Uni Erlangen.*

Damit man sich überhaupt zurechtfindet, hier ein paar Richtungsangaben. Auch hier kann wieder nur eine regional begrenzte Auswahl geboten werden:

füäderschich (ufr.)	vorwärts
härner/hinner (ufr.)	hinter
hinnerschich (ufr.)	rückwärts
nauf un roo (ufr.)	rauf und runter
ninder (mfr.)	nach hinten
rü(ba)/nü(ba) (ufr.)	hinüber
rum/rüm (ufr.)	herum
underschdöwäsch (ufr.) /	kopfüber

Der Herrgodd hodd an großße Diergodde

Die Franken kennen eine kaum überschaubare Zahl von launigen Flüchen von smart bis ganz übel. Viele der Schimpfwörter klingen zunächst sehr derb, was wohl mit dem eher ruppigen Charme der Franken zusammenhängt. Wie so oft gilt: Der Ton macht die Musik!

Zur Erinnerung: Besonders schlimme Verwünschungen sind mit einem Sternchen (*) gekennzeichnet.

Die Dicken

Bresdl	füllige Frau
Diggerla	Dickerchen (auch liebevoll gebraucht)
Drudschl	sehr dicke Frau
***Feddsogg/ Feddsoog**	Fettsack
Fraaßsogg/ Fresssagg	Vielfraß (Fress-Sack)
Granaadn	Granate (füllige Dame)
Horchl (rb.)	Dickwanst
Mobbl	Dickwanst
Nuudl	dicke Frau
Wamberda	Herr mit Kugelbauch

Wer so aussieht wie ein Kuchenteig, der ist deechfedd *(teig-fett).*

Die verbreitetste euphemistische Bezeichnung für stark übergewichtige Franken lautet "Er/Sie is guad beinanna." *(wörtlich: gut beieinander)*

Der Feddsoog wiechd scho üba zwe Zenner/ zweehunnerd Bfund un drodsdem friessda wia Scheunadröscher.

Der Fettsack bringt schon über 2 Zentner/ 200 Pfund auf die Waage und isst trotzdem weiter wie ein Scheunendrescher.

Di Bresdl schbrengd an jen Gnubf vo der Blusn.
Diese beleibte Dame sprengt jeden Knopf von ihrer Bluse.

Wedder, is des a Granaadn!
Donnerwetter, was für ein Prachtweib!

Wuchtige Körperteile

Brauereigäulårsch ausladender Hintern (Brauereigaul-Arsch)
Brodwoschdfinger Bratwurstfinger
Gnaggwoschdfinger Knackwurst-Finger
Graudschdambfer dicke Frauenbeine (Kraut-Stampfer)
Ballonggsichd Ballongesicht
Bfannkuchägsichd Pfannkuchengesicht
Klöaßkoubf (rb.) / **Klößkuubf/Gleeskobf** abwertend für Person mit großem Kopf (Kloßkopf)
Quadradladschn große Füße (Quadrat-Latschen)

Schau dos da deina Brodwoschdfinger aus mein Kääskungdeech naus doust!
Nimmst du wohl deine Finger aus meinem Käsekuchenteig!

Mied deina Gnaggwoschdfinger kost du Erbfl gniedschn.
Mit diesen Wurst-Griffeln kannst du Kartoffeln zerdrücken.

Die Dünnen

ä baar Hansele ein paar Hanselchen (einige schmächtige Personen)
Bohnaschdanga (ofr.) Bohnenstange
Bimberle unscheinbare Person
dersch Gschdell (ofr.) / **dürrs Gschdell** (ufr.) dürres Gestell
Grambers Kleinwüchsiger
Grischberla (ofr.) / **Grischberlä** (mfr.) / **Grischbele** (ufr.) kleine, schmächtige Person
halbs Hemmerd (ofr.) halbes Hemd
Hämfele (ufr.) Hänfling
Haudebaa spindeldürrer Mann
Habergaaß/Hebbergääß/Houbagaas langbeinige Person
Heeringssiel langer Lulatsch
Heigeign Riese (Heu-Geige)
Laddn Latte
Lillibudana Liliputaner
longer Luladsch Großgewachsener
Männle/Männla Schwächling
Schbraaßl dürre Person (Spreißel)
Schnerbfl Kleinwüchsiger
Zwedschgermännla Hänfling (Zwetschgen-Männchen)

Des klaa Bimberle maand wull, es ko sich wos erlaum.
Dieser Wicht glaubt wohl, er könne sich etwas erlauben.

Des Grischberla schaud aus wie a Giecherla.
Der Schmalhans sieht aus wie ein Hühnchen.

Schau di Habergaaß o, wie sa rumschdelzd auf seina Baa, di dinn wie Schdeggla sen!
Schau dir den langbeinigen Kerl an, der wie auf Stelzen umherstakst.

Der Heeringssiel ko sich sugor hinder am Besnschdiel verschdeggn.
Der dürre Kerl kann sich sogar hinter einem Besenstil verstecken.

Des Mordsdrumm Fraa hod wallich des Männle keierd?
Diese üppige Frau hat wirklich diesen schwächlichen Typ geehelicht?

Grädzn *wird auch im Sinne von „besonders unausstehliche Frau" gebraucht.*

in Dreeg un Schbeeg *= schlampig angezogen (in Dreck und Speck)*

Die Hässlichen

Böiwldrecher (rb.) Kinderschreck
Feechhodern ungepflegte Frau
Grädzn unansehnliche Frau
Graudschbüewl (ofr.) Vogelscheuche
grubfder Hennaschwoonz zerzauste Frau (gerupfter Hennenschwanz)
Hoereisleder (rb.) hässlicher Mensch
Kinnerschregg Kinderschreck
Neewlgrouer hässliche Frau (Nebelkrähe)
Ofn unansehnliche Frau (Ofen)
***Schabraggn** unattraktive Frau (Schabracke)
***Sulln** ungepflegte Frau (Muttersau)

Ich koo mei Fraa frieh ned seng, do sichd sa aus wie a Graudschbüewl.
Nach dem Aufstehen erinnert meine bessere Hälfte an eine Vogelscheuche.

Dera Neewlgrouer wennsd am Omd begechnsd, hosda in der Nochd Albdräum.
Wenn man dieser Nebelkrähe am Abend begegnet, hat man in der Nacht Albträume.

Die zu kurz Geratenen

Gifdzwerch	Zwietracht säender Giftzwerg
Grambers	Kleinwüchsiger
Lillibudana	Liliputaner
Schnerbfl	Kleinwüchsiger

Der ald Gifdzwerch ärcherd scho widder sei Leud.
Der alte Giftzwerg macht seinen Verwandten das Leben zur Hölle.

Die anderweitig Benachteiligten

Unausgewogen proportionierte Extremitäten lohnen sich gezielt zu titulieren:

Gorgn	hässlicher Zinken
Himmlfardsnoosn	Himmelfahrtsnase
Horchlabbn	übergroße Ohren (Horch-Lappen)
Schdeggerlesbee (ufr.)	Zahnstocher-Beine

Hädsda hald deina Horchlabbn aufgschberd, dann müssersd edzerd ned so saubleed frong!
Hättest du deine Ohren aufgesperrt, so müsstest du jetzt nicht so blöd fragen!

Bei zu wenig oder zu viel an Behaarung lohnt sich ein gezielter Kommentar:

Bladdndooni Platten-Toni (Glatzen-)
Gladzndooni Glatzen-Toni
Bladdäkönich Platten-König (Glatzen-)
Gsichdsmadradzn Vollbart (Gesichtsmatraze)
Hädscherglaas Mann mit Weihnachtsmann-Look (Bart)
Zoddlbuu Rastafarian (Zottel-Bub)

Bei den Bladdndooni schbäichld sich sugor di Sunna, wenn sa eam nauf di Bladdn scheind.
In der Platte dieses Glatzenbärs spiegelt sich sogar die Sonne.

Während bei einer anderen Gruppe die hapernde Aussprache im Mittelpunkt steht:

Gaaferer/Geeferer jemand, der beim Reden spuckt
Grunzkisdla (ofr.) nuschelnde Person (Grunz-Kistchen)
Hedscherbäider sich verhaspelnder Mann (Schluckauf-Peter)

Wennsd mit denn Gaafera redsd, musst immer an Scherm dobei hom.
Bei der feuchten Aussprache dieses Herren sollte man stets einen Schirm mit sich führen.

Noch ein paar weitere Gestalten:

Gaaßboug Ziegenbock
Hulzbaaschwinger (ofr.) Prothesenträger (Holzbeinschwinger)
Käszibfl bleicher Mensch (Käse-Zipfel)

Der schdingd wiä Gaaßboug.
Sein Geruch ist Marke Ziegenbock.

Auswärtige

Für **Auswäddiche** (Auswärtige) haben sich eine ganze Reihe von Bezeichnungen eingebürgert. Man kann nicht gerade behaupten, dass Franken diese Ausdrücke liebevoll verwenden, jedoch sind sie auch nur selten so grob gemeint, wie sie zunächst klingen.

Fieschkoubf/Muschlschubser Norddeutscher (Fischkopf/Muschelstoßer)
Franzaggn Franzosen
Fremma (ofr.) / **Frömme** (ufr.) Fremde
Klibbnbisser Engländer (Klippen-Pisser)
Neigschmeggde(r)/Neigschlaafde(r) Zugezogene(r)

Neigschmeggde(r) *und* Neigschlaafde(r) *sind abgeleitet von „hinein-schmecken und hinein-schleifen“.*

Breußn	alle die nicht aus Bayern stammen (Preußen)
Schbageddis	Italiener (Spaghettis)
Schbannjuggl	Spanier
Schdooderer	Stadtbewohner
Schluchdis	Österreicher (von „Schlucht")

Der Schdooderer was ned amul, dos di Milch vu der Kouh kummd.
Der Städter weiß nicht einmal, dass die Milch von Kühen kommt.

Gaschdiche Leud

Mit einem Smartphone können Sie sich die Wörter, Sätze und Redewendungen dieses Kapitels anhören.

Menschen unterschiedlichsten Alters haben auch im Frankenland ihre ureigensten Macken und dem wird mit altersspezifischen Beschimpfungen Rechnung getragen.

Kinder und junge Menschen

Aufgrund ihrer Jugend wird so manch ein Kurzer nicht ernst genommen und als **aufgschdellder Mausdreeg** bezeichnet, womit der „Dreikäsehoch" gemeint ist („aufgestellter Mäusedreck"). Weil sie nur allzu häufig noch nicht allein die Örtlichkeiten aufsuchen können, verhöhnt man sie auch als **Beddsaacher** (ofr.) bzw. **Beddsächer** (ufr.), wie es für die „Bettnässer" so schön heißt. Grün hinter den Ohren ist der **Grooshubfer** (Grashüpfer), den man im Hochdeutschen daher als „Grünschnabel" kennt. Und das ewig dreckige Ferkel ist als **Suggerla** bekannt.

Der Nachwuchs hebt sich besonders in seiner Ungezogenheit hervor. Dabei sind manche Ausdrücke geschlechtsneutral wie **Banggerd** (uneheliches Kind = Bankert), **Fradz** (Fratz), **Gramb** (rb.), **Frichdla** (Früchtchen) für die besonders Durchtriebenen, **Göa** (Göre) für den Wildfang, **Wanzn** (Wanzen) oder aber bei besonderer Leichtsinnigkeit: **Flanggerla** (Luftikus).

Die meisten Ausdrücke hat man jedoch für freche Jungs:

Badzn	(vgl. bayerisch „Bazi")
Berschla/Bürschle	Bürschlein
Bflenzbu	Jugendlicher mit launigen Einfällen
Grawadd	„Krawatte"
Gruud	Lausejungenbande
Houselodz	„Hosenlatz"
Lausbou (mfr.)	Lausbub
Lauser	Lausbub
Rangen	freche kleine Kinder
Rodzbuu	„Rotz-Bub"
Rodzleffl	„Rotz-Löffel"
Schwungschdenz	Halbstarker (von Stenz)

Beide Geschlechter werden mit junger Hubfer *(junger Hüpfer) bezeichnet.*

Mudder, dei Göa mechd wossa will.
Gute Frau, ihre Tochter neigt zur Nonkonformität.

Gebb den Rangen amol a boor hinner di Leffl!
Gib den Rackern mal ein paar hinter die Löffel!

Wos geberd ich drum, wenn mir di Wanzn amul neis Ferienloocher schiggn kendn, no hädmer a Ruh!
Was gäbe ich drum die lieben Kleinen mal ins Ferienlager zu schicken, dann wäre endlich Ruhe!

Du frecher Badzn, wennst mir nuch amål meina Kerschn schdillsd, setzts wos!
Wenn du frecher Lausejunge nochmals meine Kirschen stiehlst, kannst du was erleben!

Die ältere Generation

Die Frau schmimpft man einen ***alder Hoofm** (alter Topf), **Duusn** für die alte schrullige Ausführung, **Fuchdl** für das alte böse Weib und frei nach dem Adjektiv „verhutzelt", sprich „verschrumpelt" denn auch **Hudzl.** Unsympatische Männer nennt man am ehesten **Gnagger** (Knacker) oder **Graudererer** für den alten, eigenbrötlerischen Sack.

Loss bluuß ned den aldn Grauderer nei dein Gaddn, am End bflanzd er di Ruusn zu di Rüam un haud sich mied der Haggn nei di eichnen Fiieß.

Lass bloß den ollen Tattergreis nicht in deine Garten, sonst pflanzt er die Rosen zu den Karotten und verletzt seine Füße mit der Gartenhacke.

Besserwisser

In einem Landstrich voller unverbesserlicher Spießer gibt es leider überdurchschnittlich viele Spaßverderber und Pedanten. Wer mit seinem Bike nicht auf dem Radweg bleibt, zieht sich für alle Zeiten den Hass unzähliger Besserwisser gesetzten Alters zu.

Allerwaldsgscheidla (ofr.) (Allerwelts-Gescheiterchen)
Gluuchscheißer Klugscheißer
Neigscheider (ofr.) Besserwisser (Neu-Gescheiter)
Siemgscheider neunmalkluger Geck (Siebengescheiter)

Des is ä ganz ä Siemgscheider.
Er hält sich für besonders schlau.

Geizkrägen

Gniebohrerduum (Kniebohrertum = Geiz), wird im Frankenland gar nicht gerne gesehen. Zahlreich sind daher die Bezeichnungen für die Anhänger dieser Todsünde. Der **Geizgroong** ist der klassische Geizkragen, ihm ebenbürtig sind: **Gnauser** („knausern"),

Besonders unangenehm wird es, wenn sie auch gaafri (mfr.) *oder* sieri (mfr.), *sprich gierig sind.*

Gniebuhrer (ufr.) (Knie-Bohrer), **Golloberschinder** (rb.), **Fiesl** (von **fieseln** = umständlich herumdrucksen) und **Schbaabrönner** bzw. der **Schboabrönner** (Spar-Brenner).

Der Geizgroong schind di Laus umern Balch.
Der Typ ist so geizig, dass er eine Laus um ihre Haut betrügen würde.

Der Reichn sen allaweil der elendichsdn Fiesl.
Reiche Leute sind stets die schlimmsten Geizhälse.

Schnorrer nennt man hingegen: **Abschdauwer/Abschdaawer** (Abstauber), **Fechdbruader** (Fecht-Bruder) oder **Freibiergsichd** (Freibiergesicht).

Der ald Abschdauwer hod su long on di Mudda higredt, dos sa ihm di ald Kommodn gem hod. (ofr.)
Der alte Abstauber hat so lange auf die Mutter eingeredet, dass sie ihm die alte Kommode gegeben hat.

Exzentriker(innen)

Für Nonkonformisten mit ihren **Bflänz** (ufr.) (Schrullen), **Bfüadz im Koubf** (ufr.) (exzentrisches Gebahren = Fürze im Kopf) oder **Dänz** (mfr.) (Eigenheiten), hält der Volksmund ein Füllhorn mehr oder weniger böse gemeinter Begriffe parat:

Doggn affektierte Frau
duller Deifl Wahnsinnsknabe (toller Teufel)
dulls/dolls Luader (ufr.) Exzentrikerin (tolles Luder)
Graudshaadla (ofr.) Exzentriker (Kraut-Kopf)
Härndimbfl Freak
Haschbl Spinner
***schbinnerder Deifl** ausgeflippter Mensch (spinnender Teufel)
schrächer Vochel schräger Vogel

Dei Bruader hodd fei a nua nooch Plänz in di Ranze.
Dein Bruder neigt offensichtlich zu einer gewissen Exzentrik.

Spezielle Zeitgenossen

Brofidniggl stark materiell denkende Person (Profit-Nickel)
Drudschn schwerfällige Frau
Gleddn Klette
Gsundheidsabosdl Gesundheitsapostel
Hömmerleuchder vergeistigter Mensch
Körnlesabosdl Körner-Apostel
Läädschn Langweiler
Buddsdeifl Putzteufel
Saafesieder (rb.) Langweiler (Seifensieder)
schäichlder Gaggo schielender Geck
Schloufhaam Schnarchsack (Schlaf-Haube)
Sundochsforer Sonntagsfahrer

So wos eibilds wäi den schäichldn Gaggo hosda nuch näi gseen.
Er ist ein selten eingebildeter Möchtegern-Dandy.

Eine besonders stressige Art haben diese grenzwertigen Personen:

Fuchdler *ist abgeleitet von „fuchteln"*

Fuchdler Zappelphilipp
Hubferder Hektiker (Hüpfender)
Hudzbouck (rb.) Hektiker
närscher Gans/Humml überdrehte Frau (närrische Gans/Hummel)
Ugschdüümer Hektiker (Ungestümer)

Bei denn Fuchdler brauchsda immer zwa Meder Sichaheidsobschdond, wennsd mied na redsd.
Wegen seines Gefuchtels sollte man besser immer 2 Meter Sicherheitsabstand halten.

Du närsche Humml, her edzerd aaf zo zabbln! (mfr.)
Du hektisches Weib, jetzt hör doch auf zu zappeln!

Dreck am Stecken

Franken sind mit Vorurteilen gegen Gruppen nicht unbedingt schnell zur Hand. Sind sie von deren niederen Absichten aber erst einmal überzeugt, sind sie von der einmal gefassten Meinung nur schwer abzubringen.

Dredza Tunichtgut
Eggnschdenz herumlungernde Person (Ecken-Stenz)
Falott Betrüger
Galgndiäb Tunichtgut (Galgendieb)
Galgnschdrigg Tagedieb (Galgenstrick)
Gard zwielichtige Gesellschaft
Gschmaaß (mfr.) / **Gschmäß** (ufr.) Gesindel
Gsellschafd missliebige Personengruppe
Gschwaddl/Gschwärdl/Gschwoddl niveauloses Pack
Gsoggs zwielichtiges Gesindel

Beliebt unter „Gaunern" ist die Vedderlaswärdschaft, *sprich Kungel (Vetternwirtschaft).*

Dou kändsder angsderbang wärn.
= Da wird es einem Angst und Bange.

Wennsda den Dredza driffst, mussda auf der Huud sa: der veroarschd an jeen.
Wenn du den triffst, musst du vorsichtig sein: Er nimmt jeden auf den Arm.

Dei Bu is a richdicher Eggnschdenz – maansd ned, der sullerd amol wos erbern?
Dein Sohn lungert nur an der Straßenecke rum, meinst du nicht, er sollte mal arbeiten gehen?

Bass fei auf, dassda mied dera Gard ned nauf di schiefe Bohn künnsd!
Gib Acht, dass du mit dieser fiesen Truppe nicht auf die schiefe Bahn gerätst!

Di Leid von der Kerwa sen ner bluß Gschmäß.
Auf der Kirchweih treibt sich nur noch Gesocks rum.

Meebrunser ist abgeleitet von brunsn = urinieren

Hadern Bösewicht
Hinderfodz Schurke
Hohlwäächlaurer (ofr.) Nichtsnutz (Hohlweg-Lauerer)
Kesslfligger Mann mit besonders schlechtem Ruf (Kesselflicker)
Klouwe (rb.) Grobian
Landblooch Landplage
Meebrunser (ufr.) Bewohner von am Main gelegenen Städten
Sebbn Gruppe unsympathischer Mitmenschen (Seppen)
Zicheiner Wohnungsloser

Di Bagaasch is di reinsd Landblooch.
Das sind ganz nervige Leute.

Siehe auch das Kapitel „Di buggliche Bagaasch" *für zusätzliche Bedeutungen von* Bagaasch.

So manche unter den oben genannten haben **Dregg am Schdeggn,** weil sie **grumme Gram machn** (ufr.) (krumme Sachen / Kram machen) oder **jemand rolln** (mfr.), sprich übers Ohr hauen. Werden sie erwischt, heißt es:

Dou is der Hund gfreggd/Då is di Kadz gebleud.
Jetzt ist alles aus. (verreckt/blau geschlagen)

Hier noch einige zusätzliche unfreundliche Sprüchlein, die andeuten sollen, dass man mit dem Verhalten bzw. den Ansichten bestimmter Personengruppen nicht einverstanden ist:

Dou gäi i ned hie, i kenn mer miese Leid gnouch.
Da ich genug schlechte Menschen kenne, brauche ich dort nicht hinzugehen.

Mied dänner mooch i nimmer.
Diese Leute können mir gestohlen bleiben.
(mit denen mag ich nicht mehr)

Vo dänne is der aa suu wäi der anner.
Das sind die letzten Menschen.
(von denen ist der eine so wie der andere)

Von denner is anner allans scho ä Bander.
Von denen ist einer alleine schon eine Bande.

Dulle Deifl un annere Kaschberlich

Nicht jeder Franke hat die überragende geistige Kapazität des aus Fürth gebürtigen früheren US-Außenministers Henry Kissinger. Im Gegenteil wird intellektuelles Genie von vielen nicht sonderlich geschätzt. Aber auch wer bekloppter ist als die breite Masse, hat nichts zu lachen:

Da die Liste der Bezeichnungen für geistige Dünnbrettbohrer besonders lang ist, kann hier nur eine begrenzte Auswahl geboten werden.

Äisl (ofr.) / **Iisl** (ufr.) Esel
Armleichder Armleuchter
Bånånebiecher nur für Primitives geeignete Person (Bananenbieger)
Bfeufekoubf Schwachmat (Pfeifenkopf)
Bleedl (mfr.) Blödmann (Blödel)
Daaber lahme Person (Tauber)
Daabdüdl Träumer (tauber Dödel)
Daamischer verrückter Kerl
Daaml/Debb/Däbb Depp
Doldi Tölpel
Dollagg (handwerklich) unbegabter Mann

Daamischer *ist abgeleitet von* daamisch = *dämlich*

Der daamisch Kerl hod bluuß nuer Blöödsinn im Kuubf.
Dieser Zeitgenosse hat die sonderbarsten Einfälle.

Der Doldi lodschd alla Blumma zamm.
Dieser Tölpel zertritt das Blumenbeet.

Wenn der Dollagg an Noochl nei di Waand schlööchd, brauchder nacherd zea Bflasda. (ufr.)
Wenn dieser Stutzer einen Nagel in die Wand schlägt, benötigt er hinterher zehn Pflaster.

Dollhorn Person mit ungenügender intellektueller Disposition (Toll-Horn)
Doll(n) naive Frau
Dooderer Schwachkopf
Dorfdaawer (ofr.) Dorfdepp
Draamdeicherla/Draamdanser (ofr.) Traumtänzer
Drambl Trampel
Droddl Trottel
Dumbfbaggn Dumpfbacke
Dussl tollpatschiger Mensch (Dussel)
Eelgedds/Ielgedds Ölgötze
Eidimbfl Naivling
Eigsaafder/Eigseffder übervorteilte Person (Eingeseifter)
Euml Eumel/Trottel
Feiermeldergsichd blöd dreinschauende Person (Feuermeldergesicht)

wie Moggeli glodds
= *überrascht dreinschauen (wie Kälbchen glotzen)*

di hodse nias mea alle dsamm
= *sie spinnt (die hat sie nicht mehr alle zusammen)*

Di Doll(n) lässt sich vu an jeen Mo ausnehma.
Dieses dumme Weibstück lässt sich von jedem Mann ausnehmen.

Der hod mi an Dussl naaf un nunder kaaßn.
Mir wurde eine Standpauke gehalten. (einen Dussel rauf und runter geheißen)

Nachda is sei Fraa mied den Idoljeener un di Schborbiecher obkaun, edzerd isser der Eigsaafde.
Gestern ist seine Gattin mit dem Italiener und den Sparbüchern durchgebrannt, jetzt ist er der Angeschmierte.

Den Euml reid der Deifl.
Diesen Knallkopf reitet der Teufel.

gschubbsd sei = *etwas verrückt sein* (*von* schubbn = *stoßen/schieben*)

hianvernochld = *meschugge* (*gehirnvernagelt*)

Forzaufleser (ofr.) Nachzügler (Fürze-Aufsammler)
Funzl Döskopp
Geschdla naives Mädchen
Gimbl Blödmann
Gischbl Idiot
Gnalldebb Vollidiot (Knall-Depp)
Gnalldiedn Knalltüte
Gnallkoubf Trottel (Knallkopf)
Griggn Nixblicker (Krücke)
Groobjohn (ofr.) Grobmotoriker (Grobian)
Hebfl Dummkopf
Heichdl Trottel

Der Gimbl gitt mir fei auf di Nervn mied seiner ewichn Nochschdellerei.
Dieser Blödmann geht mir mit seiner ständigen Nachstellerei auf die Nerven.

Di Gnalldiedn hodd na bluß dumms Zeich im Kubf.
Die Knalltüte hat nur dummes Zeug im Kopf.

Henna dumme Pute (Henne)
Kaffer Hinterwäldler (von „Kaff“)
Kälberaach langsamer Mensch (Kalb-Auge)
Laamersieder (rb.) begriffsstutzige Person
Madschkoubf Depp (Matsch-Kopf)
Narregaggl (rb.) Dummkopf
Neechlsieder Naivling (Nägel-Sieder)
Oarschgrabfm Vollidiot (Arsch-Krapfen)
Olbärer Kindskopf (Alberner)
Rimviech Rindvieh
***Saukoubf** Volldepp (Schweinekopf)
Schbooznhiern Hirni (Spatzenhirn)
Schnellmerger/Schnellschbanner jemand mit langer Leitung (Schnellmerker/Schnellspanner)
Schraum duselige Kuh (Schraube)
Sumbfhenna Sumpfhenne
Waldschrohd Waldschrat

Die Henna *lässt sich gut mit* bläide *(blöde),* blinda *(blinde),* daabe *(taube) und* grubfda *(gerupfte) konkretisieren.*

„Der buurd aa kane diggn Breddla.“ *bezeichnet den Dünnbrettbohrer (der bohrt auch keine dicken Bretter).*

Pförz im Hirn hamm *= Fürze im Gehirn (dumme Ideen) haben*

Der is suu dumm, dassern di Gäns beißn.
Er ist so dumm, dass ihn die Gänse beißen.

Der is su iewerflissi wäi a Gruubf.
Er ist so überflüssig wie ein Kropf.
**Erläuterung: Früher litten im jodarmen Franken viele ältere Menschen an Kröpfen.

Der is ze blöd zumm Milchhooln, fälld nå un verbiechd di fuffzich zend.
Der Kerl ist so hohl, dass er beim Milchholen hinfällt und sein Fünfzig-Cent-Stück verbiegt.

Wäi san neulich sei Forood glaud hom, hodder gschaud wäi a Audo.
Als man ihm kürzlich das Fahrrad stahl, schaute er recht dumm aus der Wäsche.

der guggd wäi a Audo *= besonders dumm dreinschauender Mensch*

Der schdäißd vuur Bläidheid.
Er stößt vor Blödheit. (wie ein Ziegenbock)

Was mer ned im Kuubf hod, hod mer in di Baa.
Was man nicht im Kopf hat, hat man in den Beinen. (um Vergessenenes zu holen)

Unmännliche Mannsbilder

Herren, die dem fränkisch-ländlichen Idealbild vom aufrechten, tüchtigen und trinkfesten Gesellen nicht entsprechen, laufen Gefahr, sich eine dieser Nettigkeiten anhören zu müssen:

Blärrmeicherla *ist abgeleitet von „plärren"*

Fleedschn *und* Flöödsche *sind abgeleitet von* fleedschn/flöödschn *= weinen*

Grainmeicherla *ist abgeleitet von* grainen *= weinen*

Angsdhoos Angsthase
Blärrmeicherla Heulsuse
Flaschn Weichei (Flasche)
Fleedschn/Flöödsche Warmduscher
Flennmeichrla Flenn-/Heulsuse
Gnooschbeidl (rb.) zimperlicher Mann
Grainmeicherla Heulsuse
Grießgoddorsch (ofr.) „Grüß-Gott-Arsch"
Hamblmoo Opportunist (Hampelmann)
Hanskaschber/Hanswoschd Verlierer (Hans-Kaspar/Hans-Wurst)
Hascherla unscheinbarer Mensch

Heulsusn Heulsuse
Huusnscheißer Hosenscheißer
Jammerlabbn Jammerlappen
Kadzbuggler Opportunist (Katz-Buckler)
Kindskoubf Kindskopf
Labberniggl (ofr.) Schwächling
Leimsieder (ufr.) Feigling
Mamahanserla (ofr.) Muttersöhnchen
Marioneddn Marionette
Mauerbliemala Mauerblümchen (mfr.)
Meerer (ofr.) Umstandskrämer
Milchsubbmgsichd Weichei
Niidn Niete

Da im Bereich Schimpfwörter die Mode gelegentlich wechselt, kann wieder einmal nur eine Auswahl geboten werden. Die Übersetzungen stellen Annäherungen an das jeweilige Sprachniveau dar.

Ned amål a Fäßla Bia ko di Flaschn di Schdiechn nauf drong.
Der Schwächling kann nicht einmal ein Fässchen Bier die Treppe hochtragen.

Des Grainmeicherla hod scho Froschaang vom Flenna.
Der Weichling bekommt regelrecht Froschaugen vom Heulen.

Wenn der Grießgoddorsch sein Scheff sichd, maander, er muss gleich in di Gnie genn.
Wenn der Schleimer seinen Chef sieht, geht er gleich in die Knie.

Na, mei klaans Hascherla, hod dich dei Fraa widder zon Obschbülln okummadierd?
Na armes Kerlchen, hat dich deine Liebste wieder zum Abspülen abkommandiert?

Schmarrköbf

Der gemeine Franke wirkt lieber durch die Tat als durch das Wort. Wer es gerne umgekehrt hält, bekommt früher oder später einen der folgenden Stempel aufgedrückt.

Schwätzer

Babbler *kommt von babbeln = dummes Zeug reden.*

Gadzer *bedeutet eigentlich „Tattergreis".*

Babbler	geschwätziger Mann
Daabschwädser	Schwätzer
Dunnerwedder-schlebbern	Labertasche
Faslhans	Fasel-Hans
Gadzer	Dummschwätzer
Laaberkoubf	Laberkopf
Maulaff	Maulaffe

Wennsat den Daabschwädser zuhöön muasst, bista nullgommanix glei eigschloffn.
Wenn man diesem Langweiler zuhören muss, schläft man sofort ein.

Wos der Laaberkoubf daher waafd, gedd auf kana Kuhhaud drauf.
Was diese Labertasche daherredet, geht auf keine Kuhhaut.

Um auszudrücken, dass ein Mitmensch viel Unsinn von sich gebe bzw. mit übertrieben vielen Worten möglichst wenig Konkretes auszudrücken beliebe, gibt es im Fränkischen eine ganze Reihe launiger „Slang“-Begriffe, die alle in etwa mit "belangloses dummes Gerede“ übersetzt werden können: **Gebabbel, G(e)seich, G(e)waaf, Gelabä, Gried, Gsabbl, Gseier, Gschmarr(i), Gwaffl** und auch **Grambf,** sprich Bullshit (Krampf).

Die entsprechenden Verben dazu lauten: **babbln, seichn, waafn, labän, redn, sabbln, seiern, schmarrn, waffln.**

Waafn *kommt von hochdeutsch „Weifen“, womit früher das Spulen beim Wolle-Spinnen bezeichnet wurde. Doppelsinnigerweise wird das* Waafn *also mit „Spinnen“ in Verbindung gebracht.*

Babbel ned!
Was du nicht sagst!

Schmarr kenn Miesd!
Red kein Blech!

Du wemmer/wennsda ned gäisd mid dein Gschmarri!
Lass das Gequatsche!

Der mechd a Gseich zamm!
Der redet vielleicht einen Stuss!

Neigegagger
= unqualifizierte Einmischung (von „gackern“)

Der schmarrd vill, wenn der Dooch laang is.
Er redet viel Unsinn, wenn der Tag lang ist.

si ned muggsn
= sich still verhalten (mucksmäuschenstill)

Des Gewaaf vom Berchermessder is a jeds Johr des gleiche.
Unser Herr Bürgermeister erzählt jedes Jahr den gleichen Mist.

Klatsch- und Tratschtanten

Die mit Abstand beliebteste Redewendung aller **Draadschbasn** und anderer Freunde der Gerüchteküche ist:

Ich will fei nix gsachd hab.
Ich will nichts gesagt haben.

Mit der Klatschtante verwandt ist auch die Beddse/Beddsn *= Petze.*

Draadschbasn geschwätzige Person (Tratsch-Base)
Dreegschleider Denunziantin (Dreckschleuder)
Kaffeedande Tratschweib (Kaffeetante)
Kaffeeradschn Tratschweib (Kaffee-Ratsche)
Schaaschleuferer (ufr.) unzuverlässige Tratschbase (Scherenschleiferin)
Schlabbmaul Schandmaul

Angeber

Baggoufamaul großspurige Person (Backofenmaul)
Grambfhenna Prahlerin (Krampf-Henne)
Groußgoschn (ufr.) Angeber (Groß-Gosche)
Groußkoubferde/Gruußkebf reiche Angeber (Großkopferte)
Groußmougl (ufr.) Prahlhans
Gschafdlhuber Wichtigtuer
Gschwollkoubf Großkotz (geschwollener Kopf)
Heeringsbändicher (ofr.) Aufschneider (Herings-Bändiger)
Schbrichbeidl/Schbrüchbeudl Sprüchereißer (Sprüche-Beutel)
Schbrichmocher Sprücheklopfer (Sprüchemacher)

Gschafdlhuber *ist abgeleitet von* schaffen *= arbeiten.*

Der miid sein Baggoufamaul is suwos vo freech.
Dieses Großmaul ist ja sowas von frech.

Di Groußgoschn gitt oo wiä der Münchhausen.
Der prahlt wie Münchhausen.

Wäi der scho däherkummd!
„Ausdruck von Geringschätzung“
(Wie der schon daherkommt!)

Der maand gwiß, er is wos Exdras.
Er hält sich für etwas Besonderes.

Nörgler

Für den Nörgler gibt es wieder einmal regional unterschiedliche Bezeichnungen: **Gnäfferi** (rb.), **Gneedscher** (ofr.) und **Sodderer** (mfr.). Die Aktivität des Nörgelns nennt sich **gnaunzn** (mfr.).

Der ald Gneedscher gnöörd su long rümm, bisda nochgibsd.
Der alte Nörgler hakt so lange nach, bis man nachgibt.

‘S Gejommer vom Herrle is wallich zum Davoolaffn.
Die dauernden Klagen des Großvaters sind wahrlich kaum zu ertragen. (das Gejammer des Herrchens ist wirklich zum Davonlaufen)

Wardner Herr Nachber

Die meisten Franken haben keinen Bock auf Zwist und Streit, frei nach dem Nationalmotto **Mei Ruh will i homm!** (meine Ruhe will ich haben). Wer ihren Frieden stört macht sich unbeliebt. Die Laune verderben vor allem die folgenden Personen:

Achtung: In manchen Gegenden bedeutet Biggsn/Büggsn *einfach nur „Mädchen".*

Bärschdn (ofr.) **/ Büaschdn** (ufr.) zänkische Frau (Bürste)
Beißzanga böses Weib (Beißzange)
Biggsn/Büggsn freche Frau (Büchse)
Drachn Drache
Drachoner Dragoner
Druud boshafte Frau
Dunnakeila Person mit unheilvollen Absichten (von Donnerkeil)
falscha Kadz falsche Katze
Falscher Fuchzicher Falscher Fünfziger
gaschdiche Fraa garstige Frau
Gifdnuudl Giftnudel
Gnöörer ewig nachhakender Mensch
Gradzberschdn Kratzbürste
Grandler mürrischer Mann
Grawallschadl streitsüchtige Frau (Krawall-Schachtel)
Griesgromerda (ofr.) Griesgram
Gschdeggerder schadenfroher Mensch
haaricher Eesau komplizierter Zeitgenosse
Haggsler (ofr.) Streithammel

Di ald Beißzanga hod in iam gonzn Lehm nix Gscheids im Sinn kobbd.
Die alte Beißzange hat ihr ganzes Leben über nicht Gutes im Sinn gehabt.

Di Druud hod fordno bluuß Boshaftichkeidn im Koubf.
Von dieser Hexe ist nicht Gutes zu erwarten.

Heid hodder widder sein Grand.
Heute ist er mal wieder besonders garstig.

Der ald Griesgromerda versaud eim abber a jeds Fesd mied seina bleedn Wisaasch.
Der alte Grießgram verdirbt einem mit seinem blöden Gesicht jedes Fest.

dahergschissn kumma / oogschissn kumma *= unerwünscht auftauchen*

Und wie immer gilt: Der Ton macht die Musik!

Des is a ganz haaricher Eesau, bei den muss-da sauba aufbassn, wosda sochsd!
Jener ist ein ganz schwieriger Mensch. Man muss genau aufpassen, was man in seiner Gegenwart sagt.

Di Schwiechermudder is fei a falscha Kadz – wenn sa nedd zu dir is, no fierd sa wos im Schild.
Die Schwiegermutter ist hinterlistig – wenn sie nett zu dir ist, dann führt sie etwas im Schilde.

Keifm *ist abgeleitet von „keifen“.*

Hausdrachn Hausdrachen
Heiriffl (rb.) Grobian
Hollefiggl (rb.) Ränkeschmied
Houlzabfl Sauertopf (Holzapfel)
Keifm zänkische Frau
Klabberschlanger (Klapper-)Schlange
Lüchebäöüdl/Laingbeidl/Liecheboul (rb.) Lügenbold (Lügenbeutel)
Luader/Louder Luder
Luddämönsch durchtriebene Frau
Meggerziechn Meckerziege
Neidgrooche Neider (Neid-Kragen)
***Saggramenda** Unhold (Sakrament)
Schbinaadwachdl Spinatwachtel
Schdigg freche Frau (Stück)
Schdingschdiefl Stinkstiefel
Schlaggl (ufr.) durchtriebene Person
***Schloudhex** keifende Frau (Schlot-Hexe)
Webs fahrige Frauensperson
Wedderhex Wetterhexe

Gib duch ans dera Webs a Waalium, no isse villeichd ruich!
Jemand möge dieser Nervensäge ein Beruhigungsmittel geben, auf dass sie endlich ruhig sei.

Den Pedanten kann man mit dem schönen langen Namen **Zwaahunderdbrozändicher** (Zweihundertprozentiger) titulieren oder aber mit **Maismelger/Mausmelger** (Mäusemelker).

Ä Zwaahunderdbrozändicher is gwasi nu heilicher wäi der Bohbsd.
Ein Zweihundertprozentiger hält sich für heiliger als den Papst.

Wut

So langsam wird auch der an sich gutmütige Franke irgendwann ungehalten und schreitet selbst zum offensivem Gebrauch all dieser Beschimpfungen.

Auf den olden Bouck ho iech fei mein heilichn Brass!
Ich bin ja so wütend auf diesen sturen Menschen!

Brass = *Wut*

widerbaddn (mfr.) = *widerparten/widersprechen*

Der Hamml, der gscheerde, der ko wos erlehm, wenna haam kummd!
Der Saukerl kann was erleben, wenn er nach Hause kommt!

Wardner Herr Nachber

Diggkoubf Dickkopf
Diggschädl Dickschädel
Bauernschdoffl besonders ungehobelter Mensch
Bärabeißa (ofr.) bärbeißiger Mensch
Bouck sturer Mensch (Bock)
Draafdrescher/Draufdröscher Raufbold (Drauf-Drescher)
***Dreegsau** Drecksau
Gibbskoubf sturer Esel (Gipskopf)
Gläifl (ufr.) **/ Glaifl / Glööfl** (ofr.) Stoffel
gscheerder Hamml Schweinehund
Hidzlablids Choleriker (Hitzeblitz)
Hornoggs Sturkopf (Hornochse)
Hundling Schweinehund
***Hunds(b)foddzn** sehr üble Beleidigung
***(Hunds)Veregger/Fregger** durchtriebene Person (Verrecker)
***Hundskäider** Arschloch (Hundeköter)
***Kodzbroggn** Kotzbrocken
***Saachbeidl/Saachkabbn** Arschloch (Piss-Beutel/Piss-Kappe)

Hundling *kann durchaus auch anerkennend gebraucht werden.*

Der Bauernschdoffl brechds ferdich un haud am aldn Müdderla di Dier vur der Nosn zu.
Dieser Unhold bringt es fertig, einer alten Dame die Tür vor der Nase zuzuschlagen.

Der Draafdrescher schmarrd ned lang rümm, der haud dir gleich enne nei. (ufr.)
Statt langer Worte schlägt dieser Unruhestifter sofort zu.

Luuch (Kerl; wörtl. „Loch") wird gerne mit anderen Fluchbausteinen kombiniert: **alds Luuch** (altes Loch), **Dreggsluuch** (Drecksloch), **versuffms Luuch** (versoffenes Loch).

Auch mit **Hunds-** und nachfolgenden Wörtern lässt sich jeder Fluch noch „verlängern":

dermaadschd/dermanschd zermanscht
dreggerd dreckig
elendiche(r)/elendichs elendige(r)/elendiges
gschrubbd derb, aber auch: bauernschlau
lumbich wertlos (von Lumpen)
räudich (ufr.) zerlumpt, durchtrieben, wütend
veregds/veregder verreckter

Droddl, elendicher!
Elender Trottel!

Der is gleich oubä daussä. (ufr.)
Nimm dich vor diesem Choleriker in Acht. (er ist gleich oben draußen)

Alle Dried/Schieß lang will der wos anners.
Der Kerl belästigt mich. (jeden Tritt/Schiss lang will er etwas anderes)

flucha wäi a Fuhrgnechd
(wie ein Fuhrknecht fluchen)

Abwehr von zu plumper Vertrautheit:

Mier hohm fei nooned middernander gschusserd.
Wir haben noch nicht miteinander Murmeln gespielt.

Schusser *= Keramikmurmeln*

Mir hömm fei nuch ned middernanner Schoof küard.
Wir haben noch nicht miteinander Schafe gehütet.

Schläge androhen

Je liebenswürdiger „Gä amo harri!" *betont wird, desto gefährlicher ist die Situation für den so Angesprochenen.*

Gä amo harri!
Komm doch mal rüber!

Gäi ner her Bärschla, wennsdi drausd!
Komm doch her, wenn du dich traust!

Freindla, dir zeich ich's!
Freundchen! Dir wird ich's zeigen!

„Herr Nachber!", „Freindla!" *und* „Mei Liäwä!" *sind traditionelle Einleitungen für eine Standpauke oder Drohung.*

Wardner, Herr Nachber! Dir werd iech gleich ana neihaun, wennsda diech ned onschdändich gissd!
Warte nur, Freundchen! Wenn du dich nicht benimmst, wird's handgreiflich hier!

Iech schmeiß di an di Wand, dassd babbm bleibsd.
Ich werfe dich so an die Wand, dass du kleben bleibst.

Diech haui ungschbizd in Buudn nei.
Dich schlage ich ungespitzt in den Boden.

Zeing, wou der Bardl (i)n Mosd hulld.
Ich zeig dir gleich, wo's langgeht.
(zeigen, wo der Bartel den Most holt)

gsaddld sei
= *gewappnet sein*
(von „gesattelt")

foddzn (mfr.) jmd. schlagen
auf di Nüss hau jmd. verprügeln
verdreschn/verdröschn (ufr.) jmd. verhauen (verdreschen)
raffm (mfr.) sich prügeln (raufen)
Baddscher Hieb, Macke (von patschen im Sinne von „schlagen")
Hiäb (ufr.) Hiebe
Däddscherla leichter Hieb (tatschen)
Schell(n) Ohrfeige

mied Bauge
un Drombede
= *mit Pauken*
und Trompeten

Mei Mester off di Ärberd hodd wallich 'n Baddscher.
Der Meister in meinem Betrieb hat wirklich nicht alle Tassen im Schrank.

I schmeiß der scho aa nuu än Schdaa in dein Gaddn.
Rache ist süß. (ich werfe dir schon auch noch einen Stein in deinen Garten)

Verschwinde!

Geh hemm un bedsch dein Miesd!
Geh' nach Hause und schlag auf deinen Misthaufen ein!

Seh zua dass dä väschwinnsd!
Sieh zu, dass du verschwindest!

Schau zu dassde weiderkünnsd!
Schau, dass du weiterkommst!

Dou gäi i aaf un derfoo!
Da gehe ich auf und davon!

Leck mich!

ä Nixla in än Bigsla = *unfreundliche (Ver-)Weigerung (ein Nichtslein in einem Büchslein)*

Rudsch mä doch än Buggl no!
Rutsch mir doch den Buckel runter!

Schdeich mirn Buggl nauf! (ufr.)
Schdeich mer doch am Buggl naaf!
Steig mir doch den Buckel rauf!

Du konnsd mer gschdulln bleim!
Du kannst mir gestohlen bleiben!

Den/Des soll doch glei der Deifl hulln!
Den/Das soll doch gleich der Teufel holen!

Des gäid där än Dreeg oo
Das geht dich einen Dreck an.

Des geberds fei ba mier ned!
Das gäbe es bei mir nicht!

Dou di ned oh!
Vergiss' es! (tu' dich nicht damit ab)

Vermittelndes

Leid, dad ned schdredn, schloochd eich liewa!
Leute, streitet nicht, sondern schlagt euch lieber!

Nit so prifat Kamerad!
Bitte höflich bleiben!

Edds is der Kees gfressn. (mfr./ufr.)
Damit hat sich die Angelegenheit erledigt.

Der koo a nix derfier.
Er kann nichts dafür.

Des häsd mä jå gleich könn sach!
Das hättest du mir ja gleich sagen können!

Dou machsd wos mied!
Da machst du was mit!

Di Leud aufs Maul gschaud

Im folgenden eine Auswahl der originellsten fränkischen Sprichwörter, die thematisch nicht in die bisherigen Kapitel passten. Viele der Weisheiten bringen in treffender Weise typisch fränkische Charaktereigenschaften und Lebensansichten zum Ausdruck. Für Nichtfranken wurde, wenn nötig, eine kurze Erläuterung beigefügt.

Di Leud aufs Maul gschaud

Zwischen Rhön und Nürnberg gilt grundsätzlich:

Im nebenstehenden Satz macht sich das stolze Geschlecht der Franken zu Brüdern (und Schwestern) der benachbarten Schwaben, wo es heißt: Nedd gschembfd isch gloobd gnuag.

Ned gschend/väschend is genuch globbd.
Zu viel Lob schadet.
(nicht gescholten/verscholten ist gelobt genug)

Des hod der Deifl gseeng.
Daraus entspringt nur Unglück.
(das hat der Teufel gesehen)

Des machd is Graud a nimmer fedd.
Das hilft (finanziell) auch nicht mehr.
(das macht das Kraut auch nicht mehr fett)

Mit einem Smartphone können Sie sich die Wörter, Sätze und Redewendungen dieses Kapitels anhören.

Dou hods uns gscheid beidld.
Da erging es uns schlecht.
(hat uns ordentlich gebeutelt)

Des is nern gscheid zubaß kummer.
Das kam ihm sehr gelegen.

Do is di Kadz gebleud.
Hier ist tote Hose.
(da ist die Katze gebläut, d.h. verprügelt)

Dou gäids zou wäi im Daumschlooch.
Ein ständiges Kommen und Gehen.
(da geht es zu wie im Taubenschlag)

Dou is der Deifl lous.
Da ist der Teufel los.

Dou wohr Greedi un Bleedi dordn.
Wirklich jeder war dort.

Anner allaans richd nix aus. (mfr.)
Enna alee richd då nix aus. (ufr.)
Anner alaa richd nix aus. (ofr.)
Einer allein ist da verloren.
(einer alleine richtet nichts aus)

Den hod di Kadz gfressn.
Habe keinen Kontakt mehr zu ihm.
(den hat die Katze gefressen)

Des is höchere Mademadigg. (ufr.)
Das ist höhere Mathematik. (ein komplexer Sachverhalt bzw. ein komplizierter Vorgang)

Di Reddl bledzd vom Himml roa. (ofr.)
Die Sonne scheint.

Es is ned äsuu wäi ba arme Leid.
Wir können's uns leisten.
(es ist nicht wie bei armen Leuten)

Herr helf' zerr, 's würd ä G(e)werr! (ufr.)
Herrgott steh uns bei, sonst geht alles durcheinander!

Der Herrgodd lässd der Gaaß in Schwoonz scho ned dslang wachsn.
Gott lässt den Schwanz einer Ziege nie zu lange wachsen. (Glück und Pech wechseln sich ab)

In Herrgodd an gouden Moo sei loun.
Sich nicht davor fürchten, dass Müßiggang bestraft wird. (den Herrn einen guten Mann sein lassen)

Di gschengdn un di gschnorrdn, des sin di besdn Sordn.
Geschenktes und Erbetteltes ist uns am liebsten. (auch ironisch gebraucht)

Ä jeder mou sei Subbm ausleffln, däier si eibroggd hod.
Ein jeder muss die Suppe, die er sich eingebrockt hat, selbst auslöffeln.

In än Haus, wou Ordnung herrschd, ward sugohr is Rußla bärschd.
In einem Haus, wo Ordnung herrscht, wird sogar der Hund gebürstet.

Hogg di af deine vier Buchschdohm.
Setz dich auf deine vier Buchstaben.

In Dreeg im Schächderler hoom.
Den Schaden haben.
(den Dreck im Schächtelchen haben)

Mir will kanner mer wos.
Von mir will niemand mehr etwas.

„Mir will kanner mer wos.“ *wird im positiven und negativen Sinn gebraucht.*

Alles gäid, ner blouß di Fresch hubfm.
Man kann alles erreichen, was man will.
(alles geht, nur die Frösche hüpfen)

Wemmer in Deifl nennd, kumder grennd.
Wenn man vom Teufel spricht, kommt er.

Läiber derschdiggd wäi derfruurn.
Drinnen ist es angenehmer als draußen.
(lieber erstickt als erfroren)

Wer lang freechd, gedd lang irr.
Im Zweifel sollte man sich auf das eigene Urteilsvermögen verlassen. (wer lange fragt, geht lange in die Irre)

Wer wardn koo, gräichd aa än Moo.
Abwarten und Tee trinken.
(wer warten kann, kriegt auch einen Mann)

Wers lang hod, lässds lang hänger.
Wer hat, der hat und darf es auch zeigen.
(wer es lange hat, lässt es lange hängen)

Dibbs zum Weidalase

Fränkisch-haltige Literatur und solche, die sich mit Land und Leuten befasst, existiert in Hülle in Fülle. Hier eine Auswahl von A bis Z ohne Anspruch auf Vollständigkeit:

Diese Bücher und Schriften sind nicht über den Reise Know-How Verlag erhältlich. Bitte wenden Sie sich an Ihre Buchhandlung!

- **Aff a Johr – Gedichte in Windsheimer Mundart,** Dieter Waag, Bad Windsheim 1981
- **Allamaggara – Lustiga Gschichtla in Bareithä Mundort,** Friedrich Einsiedel, Bayreuth 1925
- **Bamberger Dialekt-Wörterbuch,** Georg Rheinfelder, Welheim 1972
- **Biergartenwanderungen in Franken,** Helmut Herrmann, Bamberg 2003
- **Da lacht der Franke,** Egon Helmhagen, Nürnberg 1993
- **Das Fränkische Wilhelm-Busch-Album,** Josef Ehrlitzer, Nidderau 2002
- **Das neue Buch vom Frankenwein,** Heinrich Höllerl u. a., Würzburg 1997
- **Der heilige Kilian,** Klaus Wittstadt, Würzburg 1989
- **Der klaa Prinz – Fränkisch,** Hartmut Preß, Nidderau 1998
- **Der kranke Franke – Fränkische Gschichtn zum Gsundlachen,** Wilhelm Wolpert, Nidderau 2004
- **Des bißla Labn – Gedichte in unterfränkischer Mundart,** Willy R. Reichert, Marktbreit 1981
- **Di Fråche der Ehre (Asterix uff Meefränggisch 2),** Kai Fraas u. a., Berlin 2004
- **Di Haibtling' raffm's raus! (Asterix aff fränggisch 1),** Christian Groß u. a., Berlin 2000
- **Dour de Frångn (Asterix uff Meefränggisch 1),** Kai Fraas u.a., Berlin 2004
- **dtv-Atlas Deutsche Sprache,** Werner König, München 2001
- **Du, horch – Szenen und Geschichten,** Fitzgerald Kusz, Cadolzburg 1997
- **Durch Fald und Wengert – Gedichte in Wiesentheider Mundart,** Nicolaus Fey, Marktbreit 1979

- **Eichendli – Gedichte, Glossen, Geschichten im fränkischen Dialekt,** Klaus Gasseleder, Volkach 1995
- **En schöanstn ist derhemm!,** Josef Ehrlitzer, Mellrichstadt 1984
- **Erlanger Raritätenkistla,** Hans König (Hrsg.), Erlangen 1985
- **Fränggisch gredd – Sprachkunde (ost-)fränkischer Mundarten,** Rainer Hörlin, Neustadt an der Aisch 1988
- **Frankens Brauereien und Brauereigaststätten,** Bastian Böttner & Markus Raupach, Bamberg 2010
- **Fränkische Spezialitäten – Küchenschätze,** Ursula Calis, Innsbruck 2002
- **Fränkisches Adventskalenderbuch,** Hermann Hehn, Nidderau 2003
- **Fränkisches Dorfleben in Fotografien aus den 60er Jahren,** Otto Beck, Gudensberg 2003
- **Fränkisches Hausbuch,** Diethard H. Klein, Husum 1996
- **Fundort Sagen und Legenden in Franken,** Gisela Lipsky u.a., Cadolzburg 2004
- **Grammatik der ostfränkischen Mundart des Taubergrundes,** Otto Heilig, Leipzig 1898
- **Herr Vettä und Frau Boos – Fränkisches in Forchheimer Mundart,** Forchheim 1979
- **Ich bin halt do däham – Gedichte in Bamberger Mundart,** Gerhard C. Krischker (Hrsg.), Bamberg 1976
- **In einem Frankenwaldwirtshaus – Gedichte, Gschichtla und Szenen,** Willi Hermann, Norderstedt 2001
- **Jeds Jouhr Träuwl – Essay in Würzburger Mundart,** Emil Mündlein, Würzburg 1983
- **Kalde Naunscherler und warme Druhdscherler – Sprachbuch für Nürnberger,** Lothar Kleinlein, Nürnberg 1974
- **Is der Ball werkli rund?,** Hermann Hehn, Nidderau 2002
- **Lautgeographie des westlichen Mittelfranken,** Theodor Diegritz, Neustadt an der Aisch 1971
- **Laß der wos derzilln – Geschichten in der Mundart des Ansbacher Landes,** Friedrich Wagner, Leutershausen 1985
- **Mach dei Aachn auf – Gedichte, Lieder, Geschichten in Mundart,** Josef Ehrlitzer, Schweinfurt 1990
- **Made in Franken – Best of Mund-Art** (mit Audio-CD), Steffen Radlmaier (Hrsg.), Cadolzburg 1998
- **Max und Moritz Fränkisch,** Willy R. Reichert, Marktbreit 1984

Hoambäidsches
vo' durisdischm Inderesse
*sind „interessante
touristische Websites":*

www.badkissingen.de
www.bamberg.de
www.bayreuther-festspiele.de
www.bierregion-franken.de
www.dettelbach.de
www.fastnacht-verband-franken.de
www.fichtelgebirge.de
www.fraenkische-schweiz.com
www.fraenkischeseen.de
www.fraenkisches-theater.de
www.frankenalb.de
www.frankenkulinarisch.de
www.frankentourismus.org
www.frankenwald-tourismus.de
www.frankenweb.de
www.fridritt.de
www.grosswenkheim.de
www.hassberge-tourismus.de
www.info-rhoen-saale.de
www.kreuzbergbier.de
www.kuernach.de
www.madenhaeusle.de
www.muennerstadt.de
www.naturpark-altmuehltal.de
www.neuses-am-berg.de
www.rhoen.de
www.romantisches-franken.de
www.spessart-touristinfo.de
www.steigerwald-info.de
www.tourismus-nuernberg.de
www.vierzehnheiligen.de
www.weinland-franken.de
www.weinparadies-franken.de
www.wuerzburg.de

- **Meefischli – Die besten Fischrezepte mainfränkischer Familien,** Peter Wondrak u. a., Würzburg 2001
- **Möcherlesversli – Fränkische Liebesgedichte,** Klaus Gasseleder (Hrsg.), Volkach 1993
- **Mürschter Nächelsieder,** Heini Hochrein, Bad Königshofen 1985
- **Mundarten im Spessart,** Anton Hirsch, Aschaffenburg 1971
- **Pfarrers Kinder, Müllers Vieh – Kindheit in einem unterfränkischen Dorf,** Jürgen Hofmann, Norderstedt 2001
- **Rhöner Dorfgeschichten,** Joseph Kuhn, Mellrichstadt 1978
- **Rhönerisch und Fränkisch,** Johannes Pfeufer, Karlburg 1972
- **Sprachraumbildung und Landesgeschichte im östlichen Franken,** Hugo Steger, Neustadt an der Aisch 1968
- **Typisch deutsch ...! Typisch fränkisch ...! – Lebensweisen, Haltungen, Klischees,** Hermann Glaser (Hrsg.) u. a., Cadolzburg 2003
- **Über nei Bejter e Schroll – Gedichte im Rothenburger Dialekt,** von Wilhelm Staudacher, Rothenburg 1971
- **Unner Läim is Ärbet – Frankenwaldgeschichten in Helmbrechtser Mundart** von Otto Knopf, Hof 1984
- **Unterfränkische Dorfgeschichten in Garitzer Mundart,** Johannes Köhler, Bad Kissingen 1980
- **Unterfränkische Mundart,** Alois Joseph Ruckert, Gerolzhofen 1987
- **Untern Rätlestuere – Rothenburger Wörterbuch,** Gertrud Schubert, Kirchberg 1973
- **Volkskunde der Hohen Rhön,** Aloys Winterling, Fulda 1981
- **Vom Schursch – Gedichtla in Coburger Sproch,** Georg Eckerlein, Coburg 1922
- **Vor Gohr und Touch,** Karl Seiffert, Hof 1985
- **Weidn loun sich biing – Gedichte in Altenkunstadter Mundart,** Josef Motschmann, Lichtenfels 1981
- **Worum lagsdn so? – Heiteres und Besinnliches in Fränkisch,** J. Wilhelm Bäumel, Bamberg 1985
- **Wou di Haasn Hosn un di Hosn Husn haßn – Nürnberger Wörterbuch,** von Herbert Maas, Nürnberg 1965
- **Zwaa Baamla in Gartn – Mundartlieder aus Oberfranken,** Alfred Völkel (Hrsg.), Hof 1982
- **Zwoggäla, Grischperla und Blunzn – Neue Geschichten vom Bamberger Kaulberg,** Rettl Motschenbacher, Bamberg 1999

Rechisda

Rechisda

G

I

J

K

N

O

P

Q

R

S

Der, wo's gschriem håd

Jens Sobisch, Jahrgang 1977 und gelernter Jurist, wuchs im lieblichen Lauertal bei Bad Kissingen auf. Trotz chronischen Fernwehs kürte er als patriotischer Unterfranke die nahe gelegene Universitäts- und Residenzstadt Würzburg zum Ort seines Wirkens.

Im Reise Know-How Verlag verantwortet er die Titel „Kulturschock Cuba", „Cuba Slang" sowie „CityGuide Havanna und Umgebung". Weitere Titel sollen folgen.

Obwohl der Autor bei der Erstellung des Bändchens ganz Franken-typisch größtmögliche Sorgfalt walten ließ, kann für eventuell dennoch vorhandene (Schreib)Fehler leider keine Haftung übernommen werden. Anregungen und Verbesserungsvorschläge sind herzlich willkommen!

Di, wo mitkolfe hömm (Danksagung)

Die folgenden lieben Freunde haben mich bei der Erstellung dieses Büchleins mit Rat und Tat unterstützt: Caro (Ober- und Mittelfranken), Doggi (Unter- und Oberfranken), Dommy (Unterfranken), Edith (Unterfranken), Gerd (Oberfranken) und Philipp (Mittelfranken).

Homepage des Autors: **www.sobisch.gmxhome.de**